英 語 の 歴 史

外面史　近代英語まで

永 尾　智 著

Satoshi Nagao

美巧社

まえがき

「ことば」は文化の基盤であり、それを母語とする人たちに脈々と受け継がれてきた思考法、認識法、発想法を映し出すための手立てとなる。さらには、それらの形成を支える要素の一つが「ことば」である。いずれの言語を学ぶにしても外国語学習には、当該言語の背景にあるそのような要素を知るという文化学習の側面がある。そうやって生まれる視野の拡がりは、外国語を学ぶ楽しみの一つでもある。

今の自分がなぜ在るかを教えてくれるのが歴史だとすれば、「英語史」とは、今の英語がなぜ在るかを教えてくれるものだといえる。「英語史」は、英語という「ことば」の在り様について、変化の歴史的必然性を示してくれる。

「英語史」は、英語の確かな背景知識の集合体である。もちろん、これが日々の英語の授業に直接的効果や即効性のある好素材を与えてくれるわけではない。しかし、英語の様々な背景を教えてくれる「英語史」は、先生方の英語理解、および教材研究の一助になりうる幾多の事実や事象を内包している。小中学校・高等学校で英語を児童・生徒に教示する先生方、およびその道へ進もうと考えている学生諸君には、「ことば」としての英語の歴史の道を一度は通っておいていただきたい。

本書は、平成 28 年度から実施している文部科学省委託事業「小学校英語教科化に向けた専門性向上のための講習の開発・実施事業」の中で開講している「英語史概論」の講義用にまとめたものである。本書は英語史の外面史を扱うものの内面史を次巻に譲るため、「英語史概論」の文字通りの内容になっていると断言するのは難しい。また、著作権の関係で図表、地図等が省かれているため、配布資料、映像資料やスライド等によって内容を補っていただく必要がある。本書の構成は、小学校の先生方に興味をもって「英語史」にアプローチしていただけるように努めたつもりである。また、本書を手にする学部学生諸君には、英語史のテキストの補助教材として、あるいは小中学校英語教育の内容学テキストの一つとして利用していただけるだろう。

メルヴィン・ブラッグ(Melvyn Bragg)による『英語の冒険』が出版されて、「英語史」が英語英米文学を専攻する学生ばかりでなく、より多くの一般の方々にとってたいへん近づき易いものになった。特に DVD の同時出版によって、映像とはいえ実物を目にするという映像説明が与えられ、英語リスニング力が問われはするものの書籍の理解が容易になっている。ただし、書籍と DVD の双方とも分量的に大部であるため、わずか１学期の講義で読了するのは難しい。本書で示した内容を学習した暁には、これを講読、視聴すると、理解を深めながらさらに楽しく学ぶことができるだろう。

なお、本書は、先にも示した講習の講義ノートの印刷装丁版といえるものであり、内外の多くの文献を参照し、妥当と思われる説を取り入れてまとめ、歴史事実を紹介するものである。そのため、本文中の引証は最小限にとどめ、煩雑さを避けるために省いた場合が多々あることをお断りしておかなければならない。

2023（令和５）年３月

著　者

目　次

『英語の歴史：内面史』の内容（予定）

第 1 章
現代英語成立の背景

1. 1400 年頃の英語

1500 年に亙る英語の歴史を紐解くにあたって、手始めに今から 600 年ほど前の英語をご覧頂こう。次の一節は、ジェフリー・チョーサー(Geoffrey Chaucer, ?1340-1400)作『カンタベリー物語』「総序の歌」の冒頭 18 行である。最初に見るのは、日本におけるチョーサー文学・語学研究の第一人者である桝井迪夫氏による訳詩である。2〜3 度音読してその調べを味わってほしい。

【和訳】

カンタベリー物語の書ここに始まる

四月がそのやさしきにわか雨を
三月の旱魃（ひでり）の根にまで滲みとおらせ、
樹液の管（くだ）ひとつひとつをしっとりと
ひたし潤（うるお）し花も綻（ほころ）びはじめるころ、
西風もまたその香（かぐわ）しきそよ風にて
雑木林（はやし）や木立の柔らかき新芽に息吹をそそぎ、
若き太陽が白羊宮の中へその行路（みち）の半ばを急ぎ行き、
小鳥たちは美わしき調べをかなで
夜を通して眼をあけたるままに眠るころ、
—かくも自然は小鳥たちの心をゆさぶる—
ちょうどそのころ、人々は巡礼に出かけんと願い、
棕櫚（しゅろ）の葉もてる巡礼者は異境を求めて行かんと冀（こいねが）
もろもろの国に知られたる
遥か遠くのお参りどころを求めて。

とりわけ英国各州の津々浦々から
人々はカンタベリーの大聖堂へ、昔病めるとき、
癒（いや）し給いし聖なる尊き殉教者に
お参りしようと旅に出る。

(From: 桝井迪夫（訳）『完訳カンタベリー物語（上)』「総序の歌」(lines 1-18)

次に、同じ個所の現代英語訳と原文、および原文の発音転写版[1]を示す。発音記号を頼りに、2〜3度音読してみるとよいだろう。

【現代英語訳】

When in April the sweet showers fall
That pierce March's drought to the root and all
And bathed every vein in liquor that has power
To generate therein and sire the flower;
When Zephyr also has with his sweet breath,
Filled again, in every holt and heath,
The tender shoots and leaves, and the young sun
His half-course in the sign of the Ram has run,
And many little birds make melody
That sleep through all the night with open eye
(So Nature pricks them on to ramp and rage)
Then folk do long to go on pilgrimage,
And palmers to go seeking out strange strands,
To distant shrines well known in distant lands.
And specially from every shire's end
Of England they to Canterbury went,
The holy blessed martyr there to seek
Who helped them when they lay so ill and weak

(From: http://www.librarius.com/canttran/gptrfs.htm)

---

[1] YouTubeには *The Canterbury Tales* General Prologueの朗読音声を収録したものが多数存在する。いくつか試してみるとよい。本文ないしは次に示す発音転写を見ながら2〜3度聞き取り、音読してから以降の解説へ進んでいただきたい。

【原文】

Here bygynneth the Book of the Tales of Caunterbury

Whan that Aprill, with his shoures soote
The droghte of March hath perced to the roote
And bathed every veyne in swich licour,
Of which vertu engendred is the flour;
Whan Zephirus eek with his sweete breeth
Inspired hath in every holt and heeth
The tendre croppes, and the yonge sonne
Hath in the Ram his halfe cours yronne,
And smale foweles maken melodye,
That slepen al the nyght with open eye--
(So priketh hem Nature in hir corages);
Thanne longen folk to goon on pilgrimages
And palmeres for to seken straunge strondes
To ferne halwes, kowthe in sondry londes;
And specially from every shires ende
Of Engelond, to Caunterbury they wende,
The hooly blisful martir for to seke
That hem hath holpen, whan that they were seeke.

(From: *The Canterbury Tales*: General Prologue (lines 1-18)

【原文の発音転写版】

hɛ:rə bɪgɪnnəθ θə bɔ:k ɔf θə tɑ:ləz ɔf kɑuntərbrɪ

hwɑn θɑt ɑ:prɪl wɪθ hɪs ʃu:rəs so:tə
θə druxt ɔf mɑrtʃ hɑθ pe:rsəd to: θə ro:tə,
ɑnd bɑ:ðəd ɛvrɪ væɪn ɪn swɪʧ lɪku:r,
ɔf hwɪʧ vɛrtɪu ɛnʤɛndrəd ɪs θə flu:r;
hwɑn zɛfɪrus e:k wɪθ hɪs swe:tə bræ:θ
ɪnspi:rəd hɑθ ɪn ɛvrɪ hɔlt ɑnd hæ:θ
θə tɛndər krɔppəs, ɑnd θə juŋgə sunnə

hɑθ ɪn θə rɑm hɪs hɑlvə ku:rs ɪrunnə,
ɑnd smɑ:lə fu:ləs mɑ:kən mɛlodi:ə,
θɑt sle:pən ɑl θə nixt wɪθ ɔ:pən i:ə,
(sɔ: prɪkəθ hɛm nɑ:tɪur ɪn hɪr kurɑ:ʤəs);
θɑn lɔ:ŋgən fɔlk to: gɔ:n ɔn pɪlgrɪmɑ:ʤəs
ɑnd pɑlmɛrs fɔr to: se:kən strɑunʤə strɔ:ndəs
to: fɛrnə hɑlwəs, ku:θ ɪn sundrɪ lɔ:ndəs;
ɑnd spɛsɪɑlɪ frɔm ɛvrɪ ʃi:rəs ɛndə
ɔf ɛŋgəlɔnd, to: kɑuntərbrɪ θæɪ wɛndə,
θə hɔ:lɪ blɪsful mɑrtɪr fɔr to: se:kə
θɑt hɛm hɑθ hɔlpən, hwɑn θɑt θæɪ wæ:r se:kə.

(*The Canterbury Tales*: General Prologue (lines 1-18)

今から600年以上昔の1350年から1400年頃といえば、日本では南北朝時代、室町幕府3代将軍足利義満(1358-1408(在位1368-94))の時代にあたる。当時の日本語と現代日本語との違いを考えれば、チョーサー時代の英語と現代英語とが大きく異なっているのも不思議ではない。具体的検討に入る前に、チョーサーとその作品『カンタベリー物語』について概観しておこう。

チョーサーは「英詩の父」、「英語の父」と称される、中英語期（＝ME期）で最も有名な作家である。チョーサーの作品は、その大部分が韻文で書かれている。この引用も、詩行の一部である。

チョーサーの詩の第一の特徴は、歩格(meter)と脚韻(rhyme)である。2行ずつが韻を踏んで対句をなす、英雄2行連句(heroic couplet)と呼ばれる、当時としては新しい詩形となっているものが多い。『カンタベリー物語』では、詩行は弱強5歩格(iambic pentameter)の2行連句、つまり1行合計10音節(decasyllabic)を原則[2]とした詩行となっている。例えば、冒頭2行の韻律(prosody)は次のようになる。

---

[2] 10音節となるのはあくまで原則であり、音節数にはいくつかのvariationがあり、韻律分析にも複数の見方がある。例えば、Skeat (1963)では、冒頭2行は次のように分析されている。

Whán thàt Àpríllë wíth hìs shóurès sótè　(11音節)
Thè dróght òf Márchë hàth pércèd tó thè róotè,　(12音節)

Whán thàt Áprìll wíth hìs shóurès sóotè
Thè dróghte òf Márch hàth pércèd tó thè róotè,

（凡例：強勢拍 ′　　弱勢拍 ｀ ）

英語（形成）史におけるチョーサーの貢献は、次の 2 点である。第 1 に、英詩の代表的な韻律となる弱強 5 歩格(iambic pentameter)のリズムを確立したこと。この韻律は後にシェイクスピアが多用することになる。第 2 に、チョーサーの英語は当時のロンドン方言であり、現代から古い時代へ歴史的に遡って英語をとらえるとき、チョーサーの英語にたどり着くという点である。

『カンタベリー物語』の Caunterbury (=Canterbury)は、英国教会の総本山であるカンタベリー大聖堂の所在地である。この物語は、ケント州のカンタベリー大聖堂にある聖人トマス・ベケット廟への巡礼に出かけるためにロンドン郊外のサザーク(Southwark)にある旅籠、陣羽織亭(Tabard Inn)[3]でたまたま落合った、チョーサーを含む29名の巡礼者と旅籠の亭主であるハリー・ベイリー(Harry Bailly)を登場人物とする、カンタベリー巡礼者の物語である。この亭主が、旅の往復で 2 つずつ、計 4 つの物語をめいめいが行い、一番良い話をしたものに陣羽織亭で御馳走し、費用を持つと提案する。120 個の話が語られる計画であるが、実際に語られた物語はチョーサー自身による 2 つ、他の 22 人[4]が一つずつの合計 24 の物語となっている。物語は、目的地が見えてきたところで未完に終わる。

さて、上の冒頭 18 行に戻って、歩格と脚韻以外の特徴的な点を見てみよう。

①基本的な読み方で注意する点は、次のとおり：

・各文字は全て、ローマ字読み風に読む。

・語末の *-e* を発音する。

---

[3] 1307 年開業の実在した宿。鉄道発達のあおりを受けて 1873 年に廃業となった。

[4] 22 名の内訳は次のとおり：騎士、粉屋、親分、料理人、法律家、バースの女房、托鉢僧、刑事、学僧、貿易商人、騎士の従者、郷士、医者、免罪符売り、船長、尼寺院長、修道院僧、尼寺侍僧、第二の尼、僧の従者、大学賄人、牧師。これは、王侯貴族と賤民という最上階級と最下層を除いた当時のイギリス国民全部を代表するような一団になっている。

・長母音の発音が現代英語と異なる。(大母音推移開始以前だから。)

・現代英語に見られる黙字がないのですべての文字を読む。

②各単語の綴り字が現代英語のそれと若干異なる語が多い。綴り字の固定化は、印刷術導入後の近代英語期以降である。シェイクスピア(Shakespeare)を表記する綴り字でさえ、幾種もの異綴りがあったことは有名である。

③1-2 行目: 弱強 5 歩格なら冒頭の *Whan* は弱音節となるはずだが、話の冒頭は例外的に強音節となる。次語 *that* は、弱音を置くための虚辞の接続（添加）詞。*shoures soote* の中の *soote* は *sweet* の異形で、脚韻のためにこの語形になっている。また、形容詞 *soote* と名詞 *shoures* が倒置構造になっている。さらに、行頭の *the droghte of March* という目的語が動詞 *perced* の前にあり、倒置構造になっている。

④5-6 行目: *Zephirus*（西風）は英国では春を告げる暖かな風。西風と四月はともに春を告げるもの。日本には、「東風吹かば匂い起こせよ梅の花・・・」という名句があるが、英国の東風は寒気をもたらす風である。また、東風が春を告げるのは中国の話で、日本では南風になる。

⑤頭韻構造（＝同じ子音で始まる語の並置）が幾つかある。
6 行目 *holt and heeth*、9 行目 *maken melodye*、13 行目 *straunge strondes*

⑥15-16 行目: *wende* は *go* とまったくの同義語で、今日 *go* の過去形として用いられる *went* は、この *wend*（古英語で「進む、向ける」の意だった。）の過去形だった。

以上、『カンタベリー物語』「総序の歌」の冒頭 18 行について、現代英語との違いを幾つか確認した。

「英語史」は、『カンタベリー物語』が書かれた時代よりも以前に約 1000 年、以後に約 600 年の歴史を持つ。英語の歴史的変化の総体をデンマークの言語学（英語学）者 Jespersen は「成長」として描き、英語史から見えてくる英語の姿を「男性的」と呼んだ。どのような点にそのような特徴がみられるのかを探すつもりで、以降の英語史概論を見てもらいたい。

2. 英語史年表

ことばとしての英語の歴史を具体的に検討する前に、まず、英語 1500 年の歴史の全体像を次の年表で確認してみよう。社会・文化史と英国王室史と言葉としての英語の歴史を同軸上で一覧する。また、以降で見る外面史、および内面史を扱う際にも、必要に応じて随時この年表で時代的位置づけを確認するとよい。なお、通常の英語史テキストでは、このような年表は本文に入れず付録に付すことが多い。しかし、全史を最初に確認した上で具体的外面史と内面史を見る方が、英語の変化の流れを掴みやすいし、歴史を見ているという意識が高まるだろう。

社会文化史・英語史/文学史・王室史対照年表

社会・文化史	英語史/文学史	王室史 （即位年と在位期間）
6000 B.C.～5000 B.C. 大陸と分離。イベリア半島から南欧系のケルト人が渡来し、巨石文化をもたらす。	ケルト文化時代 3000 ゲルマン語第一次子音推移 （グリムの法則）	
2500 B.C.頃 欧州中央部からビーカー人が渡来し、青銅器文化をもたらす。		
600 B.C.～100 B.C. ケルト人の民族移動でケルト人が渡来し、ビーカー人を征服し、イギリス諸島をケルト文化化した。彼らは文字文化を持たない民だった。	→地名などにケルト借入語	
55 B.C., 54 B.C. Julius Caesar が 2 度渡来。 ケルト人の中でもブリトン族の激しい抵抗により征服失敗。		
A.D. 43 Claudius 帝がイギリス諸島征服を開始。	ローマ属領時代 →軍事用語などにラテン借入語	
122-126 ローマ軍　スコットランド征服に失敗し、境界にハドリアヌス長城 (Hadrian’s Wall)を築く。		
410 頃 ブリテン島からローマ軍撤退。		

社会・文化史	英語史/文学史	王室史 （即位年と在位期間）
432 St. Patrick（聖パトリック）がアイルランド入りし、ケルト社会のキリスト教化を開始。	**古　英　語　期**	
449 ジュート人（Jutes）が渡来。続いてアングル人（Angles）、サクソン人（Saxons）が渡来。	→アングロ・サクソン文化が始まる。	
c. 563 St. Columba（聖コルンバ）がアイオナ修道院からスコットランドのキリスト教化を開始。 （北からアイリッシュ・キリスト教が南下）		
597 St. Augustine（聖アウグスティヌス）がケントよりローマ・カトリック布教を開始。カンタベリー大司教になる。 南からのキリスト教化。 （南から北上するローマ・カトリック教）	→宗教用語にラテン借入語	
664 ウィットビー(Whitby)宗教会議 （キリスト教2派の対立を収拾）	c. 680 『*Beowulf*』（『ベーオウルフ』） Cædmon『*Hymm*』 8世紀 『*The Dream of the Road*』 『*The Lindisfarne Gospels*』 731 Bede『英国国民教会史』	アングロ・サクソン王朝時代 802　エグバート（～839） 839　エゼルウルフ（～856）
750-1050 Viking 時代。北欧のデーン人などが英国北部、東部に定住。	→北欧語（古ノルド語）借用	856　エゼルバルド（～860） 860　エゼルベルト（～866） 866　エゼルレッド1世（～871）
787 Viking の英国侵入開始 871 Alfred 大王が Wessex 国王に就任 878 Alfred 大王がデーン人とウェドモア条約締結。敵の王グスルムは Wessex を放棄し East Anglia へ退くとともにキリスト教受洗 886 Danelaw(デーン・ロー地域)確定	893（～1154） 『*The Anglo-Saxon Chronicle*』（『アングロ・サクソン年代記』）編纂開始 990-992 Œlfric『*Catholic Homilies*』	871　アルフレッド大王（～899） 899　エドワード長兄王（～924） 924　アゼルスタン（～939） 939　エドマンド1世(～946) 946　エドレッド（～955） 955　エドウィ（～959） 959　エドガー（～975） 975　エドワード2世（殉教王）（～979） 979　エゼルレッド2世（～1013）

社会・文化史	英語史/文学史	王室史 （即位年と在位期間）
		デンマーク王朝時代 1013 スヴェン（～1014） 1014 エゼルレッド2世（～1016） 1016 エドマンド2世（～1016）
1016-42 Viking 王クヌートが王位就任。 （クヌートからハーデクヌーズまでの3代は「デーン朝時代」とされ、エドワード3世でアングロ・サクソン王朝復活。首都はウィンチェスター。）	→Viking のことば（＝古ノルド語）が公用語になり、英語に影響。	1016 クヌート大王（～1035） 1035 ハロルド1世（～1040） 1035 ハーデクヌーズ（～1042）
1040s エドード3世がウェストミンスター寺院建立。（以降、「エドワード3世の礼拝室」でウィリアム1世、エドワード5世、エドワード8世を除くイギリス王が戴冠式。）		1042 エドワード3世（証聖王 or 懺悔王）（～1066） 1066 ハロルド2世 1066 エドガー・アシリング
	中　英　語　期	ノルマン朝
1066 ノルマン征服(Norman Conquest)。ノルマンディー公ウィリアムが英国王ウィリアム1世として即位。	→公用語がフランス語になる。 大量のフランス語借用。	1066 ウィリアム1世（征服王）（～1087） 1087 ウィリアム2世（赤顔王）（～1100）
1096 十字軍派遣開始（～13世紀）	→アラビア語借用。	1100 ヘンリー1世（～1135）
	12世紀 女性代名詞 *she* が文献初登場。	
	1121-60頃 『*Peterborough Chronicle*』	1135 スティーブン（～1154） 1141 4/7-11/1 マティルダ（対立王位請求者）
		プランタジネット朝
1163 オックスフォード大学始まる。	1154 『*Anglo-Saxon Chronicle*』の記録終わる。 セントラルフレンチからの借用語増加	1154 ヘンリー2世（～1189） 1189 リチャード1世（獅子心王）（～1199） 1199 ジョン欠地王（～1216）
1204 ジョン王がフランス領を失う。	→英語に対する国語意識が高まる	
	c. 1200 『*Ancrene Wisse*』 『*The Ormulum*』 Laȝamon's『*Brute*』 1200以降 古ノルド語借用語 *they, their, them* が文献登場。	

社会・文化史	英語史/文学史	王室史 （即位年と在位期間）
1209 ケンブリッジ大学始まる。		
1215 ジョン王がマグナカルタ(Magna Carta)（大憲章(Great Charter)）承認	1250 『*The Owl and the Nighingale*』	1216 ヘンリー3世（～1272）
		1272 エドワード1世 （長脛王）　（～1307）
1265 下院(House of Commons)創設	c. 1300 『*Cursor Mundi*』	1307 エドワード2世 （～1327）
1337-1453 百年戦争(Hundred Years' War)	c. 1340 『*Ayenbite of Inwit*』	1327 エドワード3世 （～1377）
1341 議会上下両院に分離		
1348-1350 黒死病(Black Death)流行。英国人口の 1/3 が死亡。	→労働力不足。労働者階級の常用言語である英語の重要性が増す。 1362 英語による初めての議会開会宣言。 c. 1362 Langland『*Piers Plowman*』	1377 リチャード2世 （～1399）
	c. 1380 『*Patience*』、『*Cleanness*』、『*Pearl*』、『*Sir Gawain and the Green Knights*』 1382, 88 Wycliffe 訳聖書（最初の完訳英語聖書）。ラテン語聖書から 1000 以上の借用語。 1387-1400 Chaucer『*Canterbury Tales*』	
1399 ノルマン征服後初の英語を母語とする国王(ヘンリー4世)即位。	1393 Gower『*Confessio Amantis*』 →英語の重要性が増す。 →英語が王の言語になる。　← 1417 年書簡で英語使用開始←	ランカスター朝 1399 ヘンリー4世（～1413） 1413 ヘンリー5世（～1422）
	1400 以降 大母音推移 (the Great Vowel Shift) がはじまる。 1425 書き言葉の標準英語確立	1422 ヘンリー6世（～1461）
1455-85 バラ戦争(Wars of the Roses)	1425-1520 『*Paston Letters*』	ヨーク朝 1461 エドワード4世 （～1470）

社会・文化史	英語史/文学史	王室史 （即位年と在位期間）
		1470 ヘンリー6世（～1471） 1471 エドワード4世（～1483）
1476 Caxtonがウェストミンスターに印刷所を設立。	→大量出版が可能となり新語彙普及、ロンドン英語が標準語として普及、綴り字の固定化促進。 1478 Caxton版『*Canterbury Tales*』	
		1483 エドワード5世 1483 リチャード3世（～1485）
ヘンリー7世　フランス領土に干渉しないことをフランス王に約束する。	1485 Malory『*Le Morte d'Arthur*』 1489 国会で英語使用	テューダー朝 1485 ヘンリー7世（～1509）
1492 コロンブス新大陸へ航海	近代英語期 （初期近代英語期）	1509 ヘンリー8世（～1547）
1517 ルターの宗教改革始まる。	16c以降 疑問文・否定文で*do*の増加	
16c初～17c初 英国ルネサンス(Renaissance) （伊・仏より150年遅れ）	→ギリシャ・ラテン古典研究隆盛。古典語から大量の借入語 1516 More『*Utopia*』	
1534 ヘンリー8世が英国国教会設立。(Church of England)(ローマ・カトリック教会から分離)	1526,1534 Tyndale訳聖書	
1536 英国とウェールズの連合。ウェールズの公用語が英語になる。	1539 英国全教会に英語聖書を配備	1547 エドワード6世（～1553）
1550 英国の人口300万人に達する。	1549 Crammer『*The Book of Common Prayer*』	1553 6/10-7/19 ジェーン・グレイ（対立王位請求者） 1553 メアリー1世（～1558）
1564 Shakespeare生誕（～1616）	1579-80 Sidney『*Defence of Peoetry*』	1558 エリザベス1世（～1603）
1588 スペイン無敵艦隊('Invincible' Armada)を英国が撃破し世界へ覇権を拡大	→英語が世界へ拡張する端緒 1590-96 Spenser『*Faerie Queene*』 1590-1616 Shakespeareの主要著作が出る	

社会・文化史	英語史/文学史	王室史 （即位年と在位期間）
1600 東インド会社(British East India Company)設立。東洋との直接貿易を開始。	1597-1625 Bacon『*Essays*』 →東洋からの借用語増加	ステュアート朝 1603 ジェームズ 1 世 （～1625）
1607 ヴァージニア州ジェームズタウンへの入植。英国人によるアメリカ植民が本格化。	1611 『欽定訳聖書』刊行。20 世紀に至るまで英訳聖書の規範となる。	
1620 ピルグリムファーザーズがメイフラワー号でプリマス到着・入植		1625 チャールズ 1 世 （～1649）
1642-49 清教徒革命(Puritan Revolution) 1649 チャールズ 1 世処刑	1653 Wallis『*Grammatica Lingua Anglicanae*』（*Grammar of the English Language*）	（1653 オリバー・クロムウェル （～1658）） （1658 リチャード・クロムウェル （～1659））
1660 王政復古(Restoration)		1660 チャールズ 2 世 （～1685）
1661-65 クラレンドン法典（非国教徒弾圧法） 1664 ニュー・アムステルダムを占拠し、ニュー・ヨークと改称。		
1666 ロンドン大火	1667 Milton『*Paradise Lost*』 1678-84 Bunyan『*Pilgrim's Progress*』	1685 ジェームズ 2 世 （～1688）
1688 名誉革命(Glorious Revolution) （立憲君主制の基礎が確立。即ち、議会政治の確立。）		1689 メアリー2 世（～1694） 1689 ウィリアム 3 世（～1702）
1690 John Locke『人間知性論』		
1700 英国人口が 500 万人に達する。	（後期近代英語期） 1711 Steel と Addison『*Spectator*』発刊（1711-12, 1714）	1702 アン女王 （～1714） ハノーヴァー朝 1714 ジョージ 1 世（～1727）
1707 イングランド王国とスコットランド王国が政治的に統合し、グレート・ブリテン王国が成立。合同議会を形成。	1719 Defoe『*Robinson Crusoe*』	
1731 法廷のフランス語使用廃止（それまでは「奇妙な混種言語状態だった(mongrel language)。」） (Jespersen 1938[9], §84)	1726 Swift『*Gulliver's Travels*』 Richardson『*Pamela, or Virtue Rewarded*』	1727 ジョージ 2 世（～1760）
1753 大英博物館確立	1742 Fielding『*Joseph Andrews*』 1749 Fielding『*Tom Jones*』	

社会・文化史	英語史/文学史	王室史 （即位年と在位期間）
1760年ごろから 19 世紀 産業革命（英国を中心として機械・動力等の発明を契機に起こった経済体制・社会組織上の一大変革;これにより資本主義制度が確立。	1755 Samuel Johnson が最初の本格的な英語辞典『*A Dictionary of the English Language*』を出版	1760 ジョージ3世（～1820）
1763 7年戦争（1756～）終結。英国はカナダとアメリカのフランス植民地を獲得	1762 Lowth『*Short Introduction to English Grammar*』	
1765 Watt が蒸気機関を改良。産業革命の本格的はじまり。	→鉄道等の交通機関発達。ロンドンの標準英語が地方へ普及 1766 Goldsmith『*The Vicar of Wakefield*』 1768 Sterne『*A Sentimental Journey Through France and Italy*』	
1776 7月4日、北米13州が独立宣言（アメリカ独立革命：1775～83）（Declaration of Independence）	1783 Webster『*American Spelling Book*』	
1787 アメリカ憲法制定	1786 William Jones がラテン・ギリシャ語とサンスクリット語の同一起源説を提唱	
1789 (4/30) Washington アメリカ初代大統領就任 フランス革命（7/14～1795年8/22）	1789 Blake『*Songs of Innocence*』 1791 新聞『*The Observer*』発刊開始 1794 Murray『*English Grammar*』 1798 Wordsworth『*Lyrical Ballads*』	
1801 グレート・ブリテン王国とアイルランド王国が合併し、グレート・ブリテンおよびアイルランド連合王国が成立。	1801 週刊誌『*Examiner*』創刊 1806 Webster『簡約英語辞典』刊行。新綴り字を提案してアメリカ式綴り字の基礎を築く。 1813 Austen『*Pride and Prejudice*』 1815 Austen『*Emma*』 1818 Rask がゲルマン語と他の印欧語の間の規則的子音対応を指摘	1820 ジョージ4世（～1830）

社会・文化史	英語史/文学史	王室史 （即位年と在位期間）
1826 University College London 創立	1822 Jacob Grimm がグリムの法則を定式化 『*Sunday Times*』発刊開始	
1832 コレラ蔓延 1832 連合王国議会で国民代表法が制定。(第一次選挙法改正法案(Reform Bill)通過)（貴族による社会支配の終焉）	1828 Webster『*An American Dictionary of the English Language*』を刊行。 (彼は「アメリカの学問・教育の父」と呼ばれる。)	1830 ウィリアム 4 世（～1837） 1837 ヴィクトリア（～1901）
1840 英国がニュージーランドを植民地化。 1853 米国使節ペリーが浦賀に来航。翌年、日米和親条約、1858 年に日米修好通商条約締結。 1863 Lincoln 奴隷解放宣言	1837 Dickens『*Oliver Twist*』 1858 『オックスフォード英語辞典』編纂が決定。 1859 Dickens『*A Tale of Two Cities*』 1872 Lewis Caroll『Through the Looking-Glass』(かばん語（混成語）を使用)	
1876 電話の発明 1877 英領インド帝国成立（～1947）	1875 Karl Verner がグリムの法則の例外を説明 1884 *OED* 第 1 分冊刊行（書名:『*A New English Dictionary on Historical Principles; Founded Mainly on the Materials Collected by The Philological Society*』(略称 *NED*)；1895 年より書名が *Oxford English Dictionary* となる。)	サクス・コバーグ・ゴータ朝 1901 エドワード 7 世（～1910）
	現　代　英　語　期	ウィンザー朝 1910 ジョージ 5 世（～1936）
1914-18 第 1 次世界大戦 1920 年代 南アイルランドの分離により、グレート・ブリテンおよび北アイルランド連合王国となる。 1929 世界大恐慌始まる。	1909 『*Webster's New International Dictionary*』初版刊行 →英米の影響力が増し、英語の重要性が高まる。 1919 Mencken『*The American Language*』出版 1922 BBC が放送開始 1928 『*Oxford English Dictionary*』完成（全 10 巻）	

社会・文化史	英語史/文学史	王室史 （即位年と在位期間）
1931 ウェストミンスター憲章。（これにより、英国の海外自治領と本国とが平等な共同体体制となる。（カナダ、オーストラリア、ニュージーランド、南アフリカ等））	1930 Ogden「Basic English」提唱	
	1933 『*Oxford English Dictionary*』補遺刊行（全 13 巻）	
	1934 『*Webster's New International Dictionary*』第 2 版刊行	1936 エドワード 8 世 （「王冠を賭けた恋」で駆落ち 在位 325 日）
1939-45 第 2 次世界大戦	→アメリカ英語の影響力強まる	1936 ジョージ 6 世（～1952）
1942 コンピューターの発明		
1947 インドがイギリスから独立		
1949 アイルランド自由国が国名をアイルランド共和国とした。	1949 女性への敬称 *Ms.*初出	1952 エリザベス 2 世（在位 70 年 214 日）（～2022）
1960s 以降 女性解放運動の高まり	1961 『*Webster's New International Dictionary*』第 3 版刊行	
1961-75 ベトナム戦争		
1963 Kennedy 大統領が暗殺される。		
1964 英語能力検定試験 *TOEFL* 開始		
1968 King 牧師が暗殺される。	1972 『*Oxford English Dictionary*』新補遺刊行	
	1973 国連で *Ms.*を公式採用	
1979-1990 Thatcher 政権		
1980s 以降 ポリティカル・コレクトネス運動隆盛	1981 Quirk が「核英語」を提唱 1985 *physically-challenged* 初出、以降 *-challenged* による造語増える。	
	1989 『*Oxford English Dictionary*』第 2 版刊行（全 20 巻）	
1990s インターネット時代幕開け	1997 Crystal「世界標準口語英語」を提唱	
1997 香港返還		2022 チャールズ 3 世

3. イギリス、英国、グレート・ブリテン、国歌

日本語の「イギリス」あるいは「英国」という名称は通称であり、その正式名称は「グレート・ブリテン及び北アイルランド連合王国」(The United Kingdom of Great Britain and Northern Ireland)であり、「イングランド」、「スコットランド」、「ウェールズ」および「北アイルランド」の4か国で構成される連合王国である。正式名称前半部の「グレート・ブリテン」[5]は、「イングランド」、「スコットランド」、「ウェールズ」の3地域の総称としての呼称であり、これに「北アイルランド」を加えたものが上の正式名称である。「イギリス」、「英国」は主権国家としての国を表す名称であるが、「イングランド」、「スコットランド」、「ウェールズ」、「北アイルランド」は主権国家としての存在ではないものの“country”や“region”と呼ばれる。

西洋史や英国史における説明や、上の「社会文化史・英語史／文学史・王室史対照年表」に示されているように、4か国は連合、ないしは併合の歴史を歩んできた。ウェールズ人の血統を引き継いで即位したテューダー朝の開祖ヘンリー7世は、王家となるには血統的に正当性が低いとされたもののその血統が誘因となって、イングランドとウェールズの関係が好転した。ヘンリー8世治世下の1536年及び1543年の統一法によりイングランドはウェールズを正式併合した。これに伴ってウェールズの公用語が英語になる。

スコットランドの併合は、ステュアート朝末期のアン女王(Anne;在位 1702-1714)治世の1707年のことである。併合の誘因は、ステュアート朝開祖ジェームズ1世をスコットランド王家から招いて同君連合となっていたことである。両国はウェストミンスターの議会で合同議会を形成することとなった。これによってグレート・ブリテン連合王国(The United Kingdom of Great Britain)が成立した。

現在の連合王国名であるThe United Kingdom of Great Britain and Northern Irelandに至るには、アイルランドとの関係を見なければならない。大半がカトリック教徒であるアイルランドの取り込みの長い歴史の中では、ヘンリー8世、ジ

---

[5] 「グレート」の由来は、すでに定住していたケルト人の一派であるブリトン人が、紀元前1世紀頃から始まるローマ帝国侵入、アングロ・サクソン人侵入から逃れて対岸のフランスの地に移り住んだ人たちが、新しい地を「ブルターニュ」と呼び、故国の地を「グランド・ブルターニュ」と呼んで区別したことによる。この語が英語に輸入されて「グレート・ブリテン」という名称ができた。

ェームズ 1 世、クロムウェル等による過酷な土地の収奪やプロテスタント強要といった強硬策が、イングランドとアイルランドの間の長い不和関係の要因となっていた。1801 年のアイルランド併合は、18 世紀末に続いたアメリカ合衆国独立とフランス革命の影響がアイルランドとイングランドへ飛び火することを恐れて、イングランドが強引に進めたものである。いずれにせよ、この併合により、3 つの十字架[6]からなる現行のユニオンジャック(Union Jack)[7]が制定されることになった。その後、1922 年に、プロテスタントの多い北部 6 州が北アイルランドとして連合王国に残り、それを除くカトリック 26 州がアイルランド自由国(Irish Free State)として連合王国から分離した。連合王国の現在の名称がここで成立する。アイルランド自由国は、1949 年に国名をアイルランド共和国(Republic of Ireland)とした。

国旗の話のついでに、国歌(National Anthem)に触れておく。現在（2022 年 9 月 8 日より)、イギリス国歌は、*God Save the King*（「国王陛下万歳」または「神よ国王を守り給え」)（エリザベス 2 世時代（1952 年 2 月 6 日～2022 年 9 月 8 日の 70 年 214 日間）は *God Save the Queen*（「女王陛下万歳」または「神よ女王陛下を守り給え」であった。)、アメリカ国歌は *The Star-Spangled Banner*（「星条旗」)である。アメリカ国歌「星条旗」は、第 31 代大統領フーヴァー(Herbert Hooer; 1874-1964)大統領時代の 1931 年 3 月に国歌として正式採用された。この歌詞ができたのは 1812 年に始まった米英戦争の最中の 1814 年、メリーランド州ボルティモアのマクヘンリー砦での激しい夜間砲撃の翌朝に、砦の上にたなびく星条旗を見て得た印象をフランシス・スコット・キーが詩にしたものとされる。それ以前は *My Country, 'Tis of Thee* が国歌で、旋律は *God Save the King* のそれであった。イギリス国歌は世界で一番古い国歌とされ、その旋律は 16 世紀には存在

---

[6] 3 つの十字のうち赤い十字はイングランドの守護聖人 聖ジョージ(St. George)、白い斜め十字はスコットランドの守護聖人 聖アンドルー(St. Andrew)、赤い斜め十字はアイルランドの守護聖人 聖パトリック(St. Patrick)を表していて、全体で 3 国の連合を象徴している。各旗は、セント・ジョージ・クロス（13 世紀から公式旗)、セント・アンドリュー・クロス（15 世紀から公式旗)、セント・パトリッククロス（1782 年制定）と呼ばれる。Union Jack の Jack は、国籍を示すために船の舳先に付ける小旗のことで、Union Jack を Union Flag ともいう。

[7] 初代ユニオン・ジャック制定は 1606 年。より以前の 1536 年にウェールズがすでにイングランドに併合していたために、ウェールズ国旗の Red Dragon は英国旗に組み入れられていない。1959 年にウェールズの Red Dragon が公式制定。

したとされるが、一般に認知されるのは1745年、ジョージ2世(George II, 1683-1870, 在位 1727-1870))軍がエドワード反乱軍に敗れた知らせを聞いた人々が、国王と国の安泰を願ってロンドンの劇場で演奏され歌われた歌が基になっているとされる。この曲と歌詞が同年、雑誌 *Gentleman's Magazine* に掲載されたことも手伝って、この後、この曲が劇場の終演後に演奏され、王室行事で演奏されるようになり、1825年に国歌になった。西ヨーロッパ中央にあるリヒテンシュタインの国歌の旋律も、この曲と同じものである。

4. 現代英語の特徴

現代英語の特徴を語るには様々な観点、視点がある。英語史の古典 Baugh and Cable(1993[4])では、現代英語の特徴として次の①から③の利点と、④⑤の弱点が挙げられている。

①世界各国の多様な言語から語彙借入した全世界的語彙混合性。
②屈折変化（＝語尾変化）の単純さ。この単純性はヨーロッパのどの言語よりも進んでいる。ドイツ語などの外国語学習における難点の一つとなっている「数・格・性」の複雑な一致が英語ではほとんど存在しない。
③文法性(Grammatical Gender)ではなくて自然性(Natural Gender)を使うこと。
④慣用語法の多さ。外国語への直訳がうまく機能しないことがある。
⑤綴り字と発音の乖離。理想的な綴り字・発音関係ではないこと。

①の特性は、語彙の増大を意味する。これは、英語史からみる英語の最大の特徴の一つと言える。英語の語彙における外来語の構成比率は、一般に、英語語彙のうち本来語は約25%、約50%がラテン系、ギリシャ系が約10%、北欧系が約5%、残りが他の各国からの借入語であるといわれる。ただし、基本語彙1,000語における構成比率は少し違っていて、本来語が約55%、ラテン系が約35%となる。基本語彙のうち、例えば、*sister*、*leg*、*take*、*get*、*they* などは北欧系借入語

であり、*uncle*、*face* などはフランス語からの借入語であることには驚かされる。

語彙と言えば辞書。西暦 1150 年以降に文献に現れたすべての語を掲載する、最も権威ある英語辞典、『オックスフォード英語辞典』(*Oxford English Dictionary*、通称 *OED*)には、60 万語以上[8]の語が収録されている。また、アメリカ系辞書では、『ウェブスター新国際英語辞典』には 66 万語が収録されている。ちなみに、*OED* には日本語からの借入語も約 400 語掲載されている。①の一端を垣間見ることができるだろう。英語は、借入語受容に寛容な言語だといえるのかもしれない。

英語史の各時代を表す名称として、「古英語」、「中英語」、「近代英語」という時代名称がある。各時期の屈折語尾の特性の変化に着目して、これらは順にそれぞれ、「屈折語尾完備の時代」、「語尾水平化の時代」、「語尾消失の時代」とも呼ばれる。英語は、他のヨーロッパ諸言語と違って、結果的に語尾変化が消失した、ないしは単純化した言語とみなすことができる。

③については、例えばフランス語と比較して考えてみるとよくわかる。フランス語では *soleil*「太陽」(男性名詞)、*lune*「月」(女性名詞)、*Japon*「日本」(男性名詞)、*France*「フランス」(女性名詞) のように、文法性(Grammatical Gender)が使用されているが、英語ではすべて自然性(Natural Gender)が使用されている。

④の特性は、歴史的には近世に入ってから急速に発達した特性である。現代英語には *give up*、*put up with* をはじめとする「動詞＋小辞」のような熟語表現が豊富にある。また、*go fast* (「早くいく」) と *stand fast* (「しっかり立っている」) における *fast* の全く異なる意味の在り方に見られるような慣用表現が豊富でもある。このような点は、外国人英語学習者を悩ませる点にもなっている。

母音と言えば、日本語では「あ、い、う、え、お」である。これを英語アルファベットで書けば「a、i、u、e、o」、各文字の読み方を発音記号で示すと「/ei/、/ai/、/ju:/、/i:/、/ou/」となり、「/a:/、/i:/、/u:/、/e:/、/o:/」とはならない。このように、英語では母音字の読み方はローマン・アルファベットの文字通りの読みにならない。この事態は、1400 年頃から 300 年ほどの間に英語の強勢のある長母音が一大変化を起こしたことによる。例えば、古英語の *stān* [stɑ:n]は、現代英語では[stein]や[sto:n]ではなく *stone* [stoun]という発音になっている。このことは、以降で扱う「大母音推移」という規則的音法則によって説明できる。そ

---

[8] Bragg (2002)の DVD で、OED 編集主任 Simpson は、収録語数を 75 万語と述べている。

のような発音変化と同時進行的に、15 世紀後半の印刷術導入や学校教育普及、市民文化の興隆などによって活字文化が普及し、綴り字の固定化が進んだ。そのような事情の結果として、発音と綴り字の乖離という事態が生じているのである。

上の5つの特徴以外にも、現代英語には様々な特徴がある。その一つは、歴史言語学の領域で近年、注目され、活発に議論が進められている「文法化」である。文法化(grammaticalization、grammaticization, grammatization とも綴る。)とは、語彙的意味を持つ語（句）が文法関係を表す語（句）に機能変化する言語変化現象をいう。この現象は、英語の助動詞や接続詞の発達で見ることができる。かつて「知る」を意味した動詞 *can* が、現代英語では「可能」、「許可」を表す助動詞となっている。さらにこの変化には、*may*、*must*、*should* の意味・機能変化が連動していて、相互に対応・補完しながら意味変化し、全体として助動詞の迂言的文法機能が確立されたのである。

社会言語学的観点から見ると、「口語化」(colloquialization)、「アメリカ化」(Americanization)、「グローバル化」(globalization)を指摘することができる。かつて英文法は、書きことばとしての在り方や、フォーマルな(formal)ことば遣いの方法を提示するものであった。しかし、今日の英文法では、よりくだけた(colloquial)、インフォーマルな(informal)書きことば、話しことばに関する説明が欠かせない。文法書の在り方にも社会言語学的言語観が反映しているのである。さらに、アメリカ英語の語法、グローバル化によって生じてきた言葉遣いや、地域英語、世界諸英語の文法・語法状況への配慮も欠かせなくなっている。これも現代英語の特徴の一つと言えるだろう。

5.世界諸英語

厳密にいえば英語とはイギリス人のことばであるが、歴史的、文化的事情・経緯により、特に第 2 次大戦後の日本では、英語と言えばアメリカ人のことばという感が強い。区別を明確にするために「米語」という言い方があるものの、これは一般的ではない。仮定法の使い方や発音の示し方のように、文法・語法的にもアメリカ語法(Americanisms)を優先する態度が、日本では一般的である。そのように、英語といえばアメリカ人の言語という感が強い日本では、英語のスキルレベルを上げたい理由は、「外国人と話すため」であり、特に「アメリカ人と話すため」となる。もちろん、英語を学ぶのは世界と理解しあうためとする方が正論と言えよう。また、大学生以下の若い世代の意見には、グローバル化の反映ゆえか、アメリカ以外にも多様な国名があがってくる。しかし、日本人の潜在意識においては、英語を学ぶ理由はアメリカ人（あるいは、イギリス人）と話すためとなろう。

英語史を学んでいるといずれの時代区分においても方言地図が示される。そのような方言地図では、スコットランドやウェールズは除外され、イングランドの方言区分が示される。

さて、それでは、次の各英文を見て、どのような印象を受けるだろうか。

(1)　I'm gonen doon the toon the day.　(= I'm going into town today.)
(2)　Dinna fash yourself.　(= Don't upset yourself.)
(3)　They work hard, isn't it?　(= They work hard, don't they?)

(1)はイングランド北東方言から、(2)は南部スコットランド方言、(3)はウェールズ方言からの例である。見慣れない単語、文法的逸脱に即座に気づかされる。ブリテン島内の英語でさえこれほどの差異があるのだから、世界に目を向ければさらに多様な状況が現れることは容易に想像できよう。次の例はどうだろうか。

(4)　I'm after seeing him.　(= I've just seen him.)
(5)　She sing real good.　(= She sings very well.)
(6)　I am not knowing.　(= I don't know.)

(4)はアイルランド方言から、(5)はジャマイカ方言から、(6)はインド方言からの例である。即座に規範的英文法からの逸脱に気づかされるだろう。

かつて文筆家デフォー(Daniel Defoe (1660-1731))は、*The True-born Englishman* (1701)の中で英語を'Roman-Saxon-Danish-Norman English'と表現した。また、作家サルマン・ラシュディ(Salman Rushdie (1947-　))は、"English, no longer an English language, now grows from many roots."とした(*The Times* (3 July,

1982))。映画『マイ・フェア・レディ』にも描かれたように、かつて英語母語社会では、階級差や教養の有無がどんな英語を使うかに現れると考えられていた。しかし、2つの対戦を経験し、英語が国際語としての真価を示し続けてきた結果、現在の世界では、本来の英語母語話者が3億人から4億人弱とされる一方で、ネイティブ・スピーカーが使用する英語とは異なる英語を使用する人たちの数は17億人から18億人とされる。すなわち、英語ネイティブ・スピーカーは、世界の英語使用者中の2割程度の人数なのである。

このような状況を記述するモデルとして、カチュル(Braj Kachru (1932-2016))は「英語話者の3区分モデル」という英語使用の分類モデル[9]を提唱した。同軸上に3重の同心円を描き、内側からそれぞれ、「Inner Circle (内円)」、「Outer Circle (外円)」、「Expanding Circle (拡大円)」とし、それぞれの円に英語使用者を位置づけ、分類した。内円には、イギリス、アメリカ合衆国、カナダ、オーストラリア、ニュージーランド、カリブ海の若干の島が該当する。英語が第一言語になっている国々である。外円には、英語が公用語かつ重要な「第二言語」的役割を担っている、一部の人にとっては第一言語になっている国々が入る。インド、シンガポール、南アフリカ、その他の世界の50を超える地域が該当する。このグループには、3億人から5億人、あるいはそれ以上がいると見られている。拡大円には、英語に特別な行政上の役割を与えない国々が該当する。近隣の国々との意思疎通に共通言語として英語を使用する国々が入る。このグループには様々な国々が入ることになり、その人口は確定が難しいほどである。

世界における英語の地域変種全体を称して「世界諸英語」(World Englishes)とする見方が、近年注目されている。リンガ・フランカ(lingua franca)としてみる「世界英語」(World English)とは異なる視点で議論が進んでいる。また、別の見方として、国際共通語としての英語の重要性とその確立を目指して、フランス人のネリエール(Jean-Paul Nerriere)が提唱する「グロービッシュ」(Globish)という見方が注目を集めている。ネリエールが2004年に出版した *Don't speak English, parlez Globish!* は、世界的ベストセラーとなって急速にこの見方が認知されるようになった。

英語は、ビジネス・スポーツ・娯楽を含む実に様々な分野の共通語となってい

---

9 Kachru, Braj (1992) *The Other Tongue: English across Cultures.* 2nd ed., University of Illinois Press.

る。世界中でこれほど広く普及し、多くの人に話されている言語はない。日本人の英語学習熱は、少なくともしばらくは冷めることはないだろう。

6.歴史は無用か？

いつの時代も、歴史を学ぶことの意義・意味については賛否両論が存在する。それはちょうど、英語学習の実用論と教養論の対立に似ているのかもしれない。いずれの議論においても、実用論に立てば否定論が、教養論に立つならば肯定論が選ばれるのが一般世論の趨勢なのかもしれない。英語史についても、英語の歴史を知ることが英会話力に役立つとは思えないし、チョーサー時代の英語、シェイクスピア時代の英語を知ることが英作文力に役立ちそうには思えない。

歴史一般についても同じような議論が繰り広げられてきた。歴史否定論の立場では、次のような意見が有名である。

・ヘンリー・フォード（Henry Ford (1863-1947)、自動車王）の発言：
　　History is bunk.（歴史はでたらめ）
・オーガスティン・ビレル（Augustine Birrell (1850-1933)、英国政治家）の発言：
　　‘the great dust-heap called history’（歴史という名の無用の長物）
・ジョージ・サンタヤナ（George Santayana (1863-1952)スペイン生まれの米国批批評家）の発言：
　　歴史とは「そこに居もしなかった人間が語る、起こりもしなかった出来事というウソの塊だ。」

歴史肯定論には２つのとらえ方がある。一つは、歴史を知ることは、現在を理解することにつながるというとらえ方であり、次のようなことばが残っている。

・エドワード・カー（Edward Carr (1892-1982)、英国政治学者・外交官）の発言：
　　過去とは、現在を理解するための鍵だ。

もう一つのとらえ方は、もっと広い視点に立った見方で、次のようなことばが有名である。

・トルストイ（レフ・ニコラエヴィチ・トルストイ, 1828-1910）：
　　『戦争と平和』(1869)の中で次のように述べた。歴史を知る目的は、
　　「諸国や人類が己を知ることを可能にするためである。」
・Henry, Archdeacon of Huntingdon (?1088-?1157)[10]：
　　「過去を知ることは、理性的生命体と野蛮人とを隔てるものである。」

さて、これから英語史を学ぶことになる皆さんは、いずれの立場を支持するだろうか。かつて、小説家アンソニー・バージェス[11]は次のように述べた：

‘No man, however learned or powerful, can exert control over a languge.’

ことばの変化を止めようとするのは潮の動きを止めようとするに等しいというのだが、英語の歴史でその不可能性を探る学習に興味が湧いてくるとすれば、その学習は楽しいものになるに違いない。

---

10 ヘンリー・オブ・ハンディングドンは、ノルマン朝イングランドの時代の歴史家であり、ハンティングドン教区の責任者であった。『アングル人の歴史(Historia Anglorum)』の著者として知られる。歴史の記述が物語構成として優れており、後世の歴史家たちに好まれた。

11 アンソニー・バージェス(Anthony Burgess (1917-1993))は、イギリスの小説家、評論家。

第2章

英語のルーツ

1.　比較言語学と印欧祖語

言語の伝承の過程は謎に満ちている。特に有史以前、歴史以前の言語変化のプロセスを解明しようとするとき、依拠することのできる直接的証拠がないのだから検証や説明は不可能と言わざるを得なくなる。記録等の資料が存在しないという問題に対して、言語学者たちは、史的音変化が規則的であるという事実に基づいて、そのような音対応等に基づいて理論的に「**再建**」(Reconstruction)または推定するという方法論を使って挑んで来た。言語学で言う再建とは、同じ系統に属する複数の言語を比較・分析して有史以前の言語や祖語を理論的に再構築することである。(再建形には表記形式の左肩に**アステリスク**（*）を付けて表記する。) 類縁関係にある言語の比較・分析を通して一つの親（これを祖語・基語とよぶ）から分かれ出たと思われる言語族を明らかにしていく研究を比較言語学といい、18世紀から19世紀に大いに発展した。

英語の歴史について言えば、文献資料に基づいて遡れるのは古英語と呼ばれる時代までである。しかし、比較言語学の知見は、英語の歴史は6000年前から9000年前まで遡ることができるとする。その時代の言語状況は、ヨーロッパからインドにかけて使用される言語の多くの共通の祖先としての状況にあり、それは「**印欧祖語**（「インド・ヨーロッパ祖語」)、「インド・ヨーロッパ語」と呼ばれるようになった。なお、ドイツ語圏ではこのインド・ヨーロッパ語のことを好んでインド・ゲルマン語と呼ぶ。「祖語（または、基語)」とは、共通の祖先をもつ語族に対する、その共通の祖先言語のことである。印欧語族の祖語は「印欧祖語」、ゲルマン語族の祖語は「**ゲルマン祖語**」と呼ばれる。

印欧語族にまとめられる主たる語派は、下の「印欧語族 12 語派」に示すとおり、東から①②③、小アジアの④、南ヨーロッパの⑤から⑧、北ヨーロッパの⑨から⑫の 12 派である。その名の如く、インドからヨーロッパにまたがる広い地域を包括する一大語族である。その一覧を次に示す。

印欧語族 12 語派

東アジア圏

①トカラ語派———トカラ語（死滅）[20 世紀初頭に中国トルキスタンで文献発見]

②インド語派———サンスクリット語———————ヒンディー語、ウルドゥー語、ベンガル語
　　[BC5-4C に文語として固定]

③イラン語派———アヴェスタ語[BC10-7C に最古文献]（死滅）
　　古ペルシャ語[BC6-4C]————ペルシャ語、クルド語、パシュトー語

小アジア圏

④アナトリア語派（ヒッタイト語派ともいう）——ヒッタイト語［BC17-12C に文献］（死滅）

南ヨーロッパ圏

⑤ギリシャ語派—[BC14C に最古文献]——————ギリシャ語

⑥アルメニア語派—アルメニア語[5-19C に文献]（死滅）

⑦アルバニア語派—アルバニア語（死滅）

⑧イタリック語派—ラテンファレスキ語—ラテン語——フランス語、イタリア語、スペイン語、
　　[BC6C 最古文献]　ポルトガル語、ルーマニア語
　　オスクウンブリア語[BC200-90 銅板碑文]（死滅）
　　[北部には非印欧語のエトルリア語[1C まで]]（死滅）

北ヨーロッパ圏

⑨ケルト語派——ブリトン語————————ウェールズ語、コーンウォール語、ブリタニー語
　　ゴイデル語、ゲール語————アイルランド（ゲール）語、マンクス語（死滅）、
　　（スコットランド）ゲール語

⑩ゲルマン語派　［次節に掲載］

⑪バルト語派———————————————リトアニア語[16C 文献が最古]、ラトヴィア語

⑫スラブ語派——古教会スラブ語——南スラブ語——ブルガリア語、ｾﾙﾎﾞｸﾛｱﾁｱ語、スロベニア語
　　[9C 文献が最古]　西スラブ語——チェコ語、ポーランド語、スロバキア語
　　東スラブ語——大ロシア語、白ロシア語、ウクライナ語

印欧祖語の話者は紀元前5000年頃から紀元前3000年頃にかけて中央アジア、南東ヨーロッパ、あるいはアナトリア（現在トルコ領）あたりで話されていた[12]が、それが長い年月をかけて史的、地理的に分散していったと考えられている。

比較言語学は歴史言語学の中心をなす部門である。言語間の共通の先祖探しという比較言語学の方法論を最初に着想したのは、1784年にインドに赴任し、カルカッタで上級裁判所判事の職にあったウィリアム・ジョーンズ(Sir William Jones)(1746-1794)である。彼は、1786年2月2日、ベンガル・アジア協会[13]設立3周年を記念して「インド人について」と題して行った講演で次のように述べた。

> The Sanskrit language, whatever be its antiquity, is of a wonderful structure; more perfect than the Greek, more copious than the Latin, and more exquisitely refined than either, yet bearing to both of them a stronger affinity, both in the roots of verbs and in the forms of grammar, than could possibly have been produced by accident; so strong indeed, that no philologer could examine them all three, without believing them to have sprung from some common source, which, perhaps, no longer exists.
>
> (Lehmann (1967: 15))

ジョーンズがここで触れているサンスクリット語、ギリシャ語、ラテン語の類似性を日常基礎語彙のうち6語の対応によって確認してみる。次に示す表では、わずか6語の形式的類似性に過ぎないものの、特にサンスクリット語のギリシャ・ラテン語との類似性に驚かされる。ジョーンズ自身はこの部分の説明を取り立てて強調して述べたわけではなく、自身の研究がもとになって比較言語学の発生・発展を促すことになるという予測を立てていたわけではない。しかし、ここで彼が示した仮説、これらの言語が「共通の源から生じたと考えざるを得ない」という指摘が、特に19世紀に入ってから比較言語学者たちによって探求、実証され、

---

[12] これは考古学者 Marija Gimbutas（マリヤ・ギンブタス(1921-1994)）が1956年に提唱した「クルガン仮説」に基づく説明である。この仮説は、クルガン型の墳墓文化がヨーロッパに伝播する流れとインド・ヨーロッパ語族の拡大とを民族的特徴の拡大の要素として扱うことにより、インド・ヨーロッパ語族研究に取り入れられた。

[13] 東インド会社とアジア協会は、英語とインドとの関係で大切な2つの建物とされる。

英語	サンスクリット語	ギリシャ語	ラテン語
father	pitár-	patēr	pater
mother	mātár-	mātēr	māter
brother	bhrātar-	phrātēr	frāter
mouse	mús-	mús	mús
name	nāman-	ónoma	nōmen
new	náva-	néos	novus

その中で印欧祖語と主要 12 語派の存在仮説が認められることに結び付いた。また、ジョーンズにこのような指摘を可能にしたサンスクリット語とギリシャ語、ラテン語の整備された文字・書記体系の存在、それによって記される諸科学の文献が多数残存していることも、インド・ヨーロッパ語族の類縁性解明に大きく寄与してきたことも忘れてはならないだろう。[14]

例えば、英語、ドイツ語、およびスウェーデン語が同じゲルマン語に属すことは容易に想像がつくが、具体的にどのような規則的対応が見られるのだろうか。

英語	ドイツ語	スウェーデン語
stone	Stein (= ‘stone’)	sten (= ‘stone’)
bone	Bein (= ‘leg’)	ben (= ‘bone’, ‘leg’)
home	Heim (= ‘home’)	hem (= ‘home’)
rope	Fingerreif (= ‘ring’, かつては ‘rope’)	rep (= ‘rope’)

3 言語で語頭音、語形と意味が類似しているということばかりでなく、英語の長母音 *o*、ドイツ語の *ei*、スウェーデン語の *e* が規則的に音法則的対応を見せていることが分かる。音、語、文法の諸点でこのような規則的法則対応を確認しながら、言語間の類縁関係を明確にするのが比較言語学である。そして、比較言語学は文献に現れた最古の語形の上にそれより古い形を再建しながら、印欧諸言語の祖先である印欧祖語を再建し、各段階の言語特性を推定し、提示している。

---

[14] 詳細は、風間 (1978)第 3 章を参照。

2.　ゲルマン語派

ゲルマン祖語（または、基語）の時代は青銅器時代と鉄器時代にあたり、[15]紀元前 300 年頃までに形成され、紀元前 1 世紀頃から 3 分化していったと考えられている。そのうち現代英語に通じるのは西ゲルマン語であり、さらにこれが高地ドイツ語、低地ドイツ語、アングロ・フリジア語に 3 分化する。高地ドイツ語は現代標準ドイツ語に、低地ドイツ語はオランダ語とフラマン語（オランダ語のベルギー方言で、これがベルギーの公用語）に、アングロ・フリジア語は英語とフリジア語に分かれる。フリジア語はオランダのフリースランド地方で話される言語で英語に最も近い言語とされる。[16]

ゲルマン語派

⑩ゲルマン語派――東ゲルマン語――ゴート語（死滅）

[4 世紀の聖書翻訳が唯一残存文献(ゲルマン語派の最古文献)]

[紀元前 1C 頃分化]　北ゲルマン語[17] [3 世紀]――アイスランド語、ノルウェー語、デンマーク語、スウェーデン語

（フィンランド語はハンガリー語とともにアジア系ウラル語族のフィンウゴール語派）

西ゲルマン語――高地ドイツ語――ドイツ語、イデッシュ語

低地ドイツ語――オランダ語、フラマン語

アングロ・フリジア語――古英語――英語

古フリジア語――フリジア語

（フリースラント語）

例えば、現代英語および現代ドイツ語の *fish*、*ship*；*Fisch*、*Schiff* の古い語形と古ノルド語、ゴート語の対応は次のとおりである。

---

15 これに対して、印欧祖語の時代は新石器時代の前半にあたるとされる。

16 フリジア語については、Melvyn Bragg の DVD 第 1 巻 Chapter 2 に現代フリジア語の発話シーンがあり、容易に確認できる。フリジア語の発音は古英語音の響きを思わせる。

17 古ノルド語、古北欧語、オールドノースとも表される。

英語	ドイツ語	古ノルド語	ゴート語
fisc	fisc	fiskr	fisks
scip	scif	skip	skip

語形の類似具合がよくわかる。また、[sk]音の対応にも気づかされる。なお、これら2語で偶然このような対応が生じているのではないかという疑問が起こるかもしれないが、比較言語学では各音について言語全体の間でこのような対応が見られることを見て類縁性の判断を行うものであり、これはその結果としての例示である。

ここで、印欧祖語からの変化という観点からゲルマン祖語の特徴について簡単に触れておく。

(1) 音韻的特徴1：子音の変化

印欧祖語からゲルマン祖語へ分化する中で、印欧祖語の閉鎖音の再編成が起こり、ゲルマン語で新しい閉鎖音と摩擦音の体系が成立した。この変化（推移）は**グリムの法則**(Grimm's law)または**第一子音推移**(first consonant shift)と呼ばれるもので、ゲルマン祖語の印欧祖語からの分化を特徴づける最大の特徴である。詳細は次節。この子音推移は紀元前2000年から紀元前500年の間に起こり、紀元前300年頃に終結したとされる。[18]

(2) 音韻的特徴2：アクセントの変化

印欧祖語は現在のロマンス諸語のように「**高低アクセント**(pitch accent)」であった。これはイタリック語派等の語派に継承されている。それがゲルマン語派では多くの言語で、現在の英語に見られるように「**強勢アクセント**(stress accent)」へ移行した。英語では完全にこの強勢アクセントへ移行し、強勢と弱勢が生じることになった。さらに、印欧祖語ではアクセントの位置が移動性を持っていた。ラテン語の語幹内部での移動、活用・屈折接尾辞への移動はその表れである。

ゲルマン語派では、多くの場合、第1音節に固定するようになった。英語には

---

[18] グリムの法則に続いて生じた子音推移に「ヴェルネルの法則」がある（後述）。また、その後、紀元後7〜9世紀頃に古高地ドイツ語に限って生じた子音推移を「第二次子音推移」という。

このことがよく表れている。ただし、英語でも他の語派からの借用語にはアクセントの移動性がみられる。

これらのことがこれ以降の時代の英語における音変化に影響することになる。

(3) 音韻的特徴 3：母音の変化

①アクセント特性の変化により、強勢と弱勢の明確な音対比特性が現れ、やがて弱勢母音のうちあるものは語末で更なる弱化、短縮、更には消滅するものも出た。

②印欧祖語とゲルマン祖語との短・長母音の母音組織を見てみると、次のようになる。[19]

印欧祖語の母音組織

	前舌母音	中舌母音	後舌母音
高母音	(ɪ)　(i:)		(ʊ)　(u:)
中母音	e　e:	ə [ə, ъ]	o　o:
低母音		a　a:	

印欧祖語の基本母音は長・短母音の e, a, o で、長・短母音の i, u は二重母音の第 2 構成要素としてのみ使用する。のちには、第 1 構成要素が消失して独立音となるものもあった。ə（シュワー）には第 1 シュワー（ə）と第 2 シュワー（ъ）の異音があり、前者は a:, e:, o:の強勢消失による弱化形で、ゲルマン祖語で a に推移し、後者は e の弱化形で、ゲルマン祖語で ʊ, e に推移した。

強勢母音については、印欧祖語からゲルマン祖語への分化で保たれた短・長母音は、ɪ, e, a, ʊ, i:, o:, u:である。短母音 o は a に（古英語では æ に）、ə は a に、ъ は u, e に変化した。長母音 e:は æ:に、a:は o:に変化した。

---

[19] 出典：小野・中尾(1980)、pp. 19, 22.

ゲルマン祖語の母音組織

	前舌母音	中舌母音	後舌母音
高母音	ɪ　i:		ʊ　u:
中母音	e　e:		o:
低母音	æ:	a	

(4) 屈折・統語的特徴 1：名詞、代名詞、形容詞の変化（declension）
①印欧祖語の三つの性（男性・中性・女性）の区別は保たれたが、両数（双数）はゲルマン祖語の分化の中で有史以前に複数に代わっていった。

②印欧祖語の八つの格（主格、対格、属格、与格、具格、呼格、奪格、所格）のうち奪格と所格以外の 6 格がゲルマン祖語に残った。呼格と具格は徐々に落ちた。

③ゲルマン祖語の形容詞は、強変化と弱変化の 2 種類の屈折をした。前者は形容詞が名詞を前置修飾する際に、または be 動詞（相当語）の後で補語として使う場合に使用する屈折形式で、被修飾語の名詞が限定されていないことを示す。この用法は印欧祖語から継承したものであった。後者は被修飾語の名詞が定冠詞等によって限定されていることを示し、ゲルマン語で独自に発達したものだった。

(5) 屈折・統語的特徴 2：動詞の変化（conjugation）
　印欧祖語が相・時制の複雑な体系を持っていたのに対して、ゲルマン語派ではそのうち現在と過去の 2 時制だけを継承したので、時制体系が単純化した。この 2 時制の区別を**母音交替(gradation, ablaut)**で行う「強変化(strong conjugation)動詞(strong verb)」と、動詞語幹に -t-, -d- を付加して過去・過去分詞形を作る「弱変化(weak conjugation)動詞(weak verb)」がある。前者は印欧祖語から継承した形成法であり、後者はゲルマン語派で独自に起こったものである。

3. グリムの法則

上の 2-(1)で触れた**グリムの法則**(Grimm's Law)と呼ばれる子音推移は、別名、**第一ゲルマン語子音推移**(The first Germanic consnant shift)とも呼ぶ。[20]この変化は、古典語（ギリシャ・ラテン語）とゲルマン語の間の子音推移に関する法則性のことで、印欧祖語の閉鎖音における対応関係を体系的に示したものである。これは、印欧祖語からゲルマン祖語への分化における最大の特徴である。紀元前6世紀から紀元前2世紀に生じた音推移であるとされている。

グリムが考えた体系的音変化（推移）はこうである。印欧祖語からゲルマン祖語への分化によって、前者の無声閉鎖音、有声閉鎖音、帯気有声閉鎖音が、後者では無声摩擦音、無声閉鎖音、無帯気有声閉鎖音に規則的に変化した。これを一覧で示すと次のようになる。

印欧祖語					ゲルマン祖語			
p,	t,	k,	k^w	→	f,	þ(θ,th),	χ(h),	χ^w (h^w)
b,	d,	g,	g^w	→	p,	t,	k,	k^w
bh,	dh,	gh,	gh^w	→	b,	d,	g,	g^w

20 「第一」と呼ぶのは「第二」の変化があるからである。「第二ゲルマン語子音推移」とは、現代ドイツ語の祖先である古高地ドイツ語に生じた、古高ドイツ語と他のゲルマン語を分かつ変化である。

この推移の結果は、次に示すように現代英語でもその様子を伺うことができる。

サンスクリット語	ラテン語	現代英語
pitár-	pater	father
bhárāmi	ferō	bear
tráya-	trēs	three
dant-	dent-	tooth
jánu	genu	knee
śván-	canis	hound

グリムの法則は、これによって印欧祖語とゲルマン祖語の子音対応が説明できる意味で重要であるばかりでなく、本格的な比較言語学研究がこの法則から始まったという意味でも極めて重要性の高いものとされる。グリムの法則を提唱したのは、「グリム童話」で有名なグリム兄弟の兄、ヤーコプ・グリム（Jacob Grimm, 1785-1863)である。弟は、ヴィルヘルム・グリム（Wilhelm Grimm, 1786-1859）で、二人とも19世紀にドイツで活躍した言語学者・文献学者・民話収集家・文学者である。彼らは『ドイツ語辞典』の編纂でも有名で、1838年に着手し、生前に第1巻が刊行された。最終的には全32巻と補遺1巻からなるこの辞典編纂事業は継承され、120余年後の1961年に完成した。彼らにとって民話収集は、言語学研究、民間伝承研究の副産物であったが、彼らはこの副産物によって歴史上有名な人物となったのである。

第 3 章

外面史

前史から近代英語の始まりまで

本章では、第 1 章 2 節で概観した「社会文化史・英語史・王室史対照年表」の左欄と中央欄の事項のうち幾つかをさらに詳しく見てみる。

1. 英語史の時代区分

約 1500 年にわたる英語の歴史は、**古英語**(Old English)、**中英語**(Middle English)、**近代英語**(Modern English)、**現代英語**(Present-Day English)の 4 期に分けるのが一般的で、その年代と下位区分は次に示す通りである。

古英語 (Old English) 449 年頃～1100 年頃	449- 700	前古英語 (Pre-Old English)
	700- 900	初期古英語 (Early Old English)
	900-1100	後期古英語 (Late Old English)
中英語 (Middle English) 1100 年頃～1500 年頃	1100-1300	初期中英語 (Early Middle English)
	1300-1500	後期中英語 (Late Middle English)
近代英語 (Modern English) 1500 年頃～1900 年頃	1500-1700	初期近代英語 (Early Modern English
	1700-1900	後期近代英語 (Late Modern English)
現代英語 (Present-Day English) 1900 年頃以降		

4 期の各時代区分を設定するための目安となる、ことばの変化に影響を与えた

社会・文化史的出来事を挙げると、古英語の始まりは**449年のアングロ・サクソン人のブリテン島到来**、中英語の始まりは 1066 年のノルマン征服(Norman Conquest)、近代英語の始まりは、英国への**印刷術の導入**、大航海時代、エリザベス1世による治世、**欽定英訳聖書**、**シェイクスピア作品**などに特徴づけられる頃である。さらに2つの大戦と、経済的、文化的、科学技術的なグローバル化が進む20世紀以降を現代英語とする。

英語は 5 世紀にブリテン島南部に攻め入った侵略者の言語がその起源である。古英語の始まりは、449 年に**アングロ・サクソン人**がサネット島に来た時に話した「ことば」であり、これがブリテン島における最初の英語となる。侵略者たちは先住民である**ケルト族**のことばをほとんど取り込まなかった。しばらくは残存文献を欠く、いわゆる有史以前であり、この時期は「前古英語期」ということになる。文字文献が現れる700年ごろから**アルフレッド大王**(Alfred the Great, king of Wessex; 849-899、在位871-899)時代頃までが「初期古英語期」である。ただし8世紀の文献は、ヴァイキング侵入により消失していて、残存資料は極めて少ない。その後、ノルマン征服によってイングランドの公用語と支配階級使用言語がフランス語になるまでの期間が「後期古英語期」である。なお、Jespersen は古英語期の内面史を「**屈折語尾完備(full inflection)の時代**」と呼んだ。冠詞、名詞、形容詞、動詞の屈折語尾(inflectional ending)が豊富だったことによる。

ノルマンディー公ウィリアムが英国王ウィリアム1世として即位したノルマン征服によってノルマン王朝が樹立した。イングランド王家や貴族たちが使う主要言語はフランス語となる。ここから主要言語が英語になるまでの期間が中英語期であり、ノルマン王朝からプランタジネット朝あたりまでを「初期中英語期」、英語が主要言語の地位を取り戻してくる時期を「後期中英語期」とする。文芸界における英語復権の象徴的事象は、英詩の父と称されるチョーサー(Geoffrey Chaucer, ?1340 - 1400)の『カンタベリー物語』の執筆や、1476年のキャクストン(William Caxton, ?1422 – 1491)による印刷術導入とそれによる英語の本の出版である。内面史的には、この時期は屈折語尾が少なくなっていった時期で、「**語尾水平化(levelled inflection)の時代**」とされる。早いものではチョーサー時代から、強勢を持つ長母音が著しい変化を生じ始めた。この変化を**大母音推移**(Great Vowel Shift)と呼ぶが、1500年くらいまでにこの推移が始まったという事実も、1500年で時代を区切る根拠とされている。

17世紀から19世紀は近代英語期である。その前半である「初期近代英語期」は英語史的には前述の大母音推移が進行する時代であり、シェイクスピア劇、欽定英訳聖書などに特徴づけられる時代であり、英国ルネサンスの影響でギリシャ・ラテン語の古典語の語彙が大量に流入し、近代英語散文の基礎が築かれる時代である。「後期近代英語期」は、近代小説の発展期であり、アメリカ植民が始まり新しい英語の幕開けとなった時代でもある。内面史的には、語順確立、標準語や綴り字確立、「**語尾消失(lost inflection)**の時代」とされる。

2. 英語史上の主な出来事

前節では時代区分の根拠となる事象を取り上げたが、ここで英語史上の主な出来事を年代順に並べてみる。

【古英語】

・449年：アングロ・サクソン人のブリテン島侵入により英語史が始まった。

・700年頃：英語の文献が出現し始めたとされる。『ベーオウルフ(*Beowulf*)』の現存する写本(manuscript)は1000年頃のものとされるが、作品の成立は8世紀とする説が有力である。ゲルマン人武人社会の倫理とキリスト教社会の倫理との調和を描く、3182行からなる英雄叙事詩である。舞台は現在のデンマークである。

【中英語】

・1066年：ノルマン征服によりフランス語が公用語になった。

・1387年～1400年：『カンタベリー物語(*Canterbury Tales*)』の成立。30人の巡礼者と宿主が、ロンドンの陣羽織亭(Tabard)とカンタベリー寺院との間の往復路で各人2つの物語を語る約束をして旅立つ。しかし、チョーサーの死によって計画は中断となった。中英語時代の英国における多様な人々の暮らしぶり、社会の様相が生き生きと描き出された作品。

・1476 年：キャクストンがウェストミンスター寺院内にイングランドで初めて印刷機を導入して印刷所を開設した。キャクストンが出版した本は『カンタベリー物語』や『アーサー王の死』のほか翻訳書も多く出した。108 タイトルを出版し、彼自身の翻訳は 26 タイトルであった。様々な文体や方言を使う一方で、英語の標準語に関するジレンマと常に直面していた。キャクストンによる印刷術導入、出版によって英語の標準語確立への歴史が明確化することになった。その一方で、例えば、単語'ghost'に黙字'h'があるのは、フラマン語の綴り字慣習の影響によって彼が入れたとされる。

・1483 年：中英語期中の長きに亘るフランスとの領土争奪史を経て、ヘンリー・テューダーがフランス領土に干渉しないことを約束し、英国における英語の位置づけが明確化した。

【初期近代英語】

・1536 年：ウェールズをイングランドに併合し、ウェールズの公用語が英語になった。

・1590 年～1616 年：シェイクスピア作品の成立。

・1607 年：アメリカへの入植がはじまった。ここからアメリカ英語の形成が始まった。信仰の自由を求めて 1620 年にメイフラワー号でプリマス港を出港した 102 名のピルグリムファーザーズ（Pilgrim Fathers（巡礼始祖））より先の 1607 年に北アメリカへの入植がヴァージニア(Virginia)から始まり 1732 年のジョージア(Georgia)まで進んで、北アメリカに 13 植民地を建設することになる。

・1611 年：欽定英訳聖書（*The Authorized Version of the English Bible*［略称 AV］、キング・ジェィムズ聖書とも呼ぶ。）の成立。英訳聖書の集大成。ここで使われる英文はティンダル(William Tyndale;?1494-1536)訳聖書（1526 年、1532 年）の影響が大きい。また、欽定訳聖書は明解、簡素で力強い文体と高い表現力、本来語を基調とする英語を使用した点に特徴がある。これとシェイクスピア作品を合せて英語界の 2 大財産とする向きもある。近代英語の散文文体の確立に大きく寄与した。

【後期近代英語】

・1707年：イングランドとスコットランドの議会が合同議会を形成した。

・1755年：ジョンソン(Samuel Johnson; 1709-84)の英語辞典（*A Dictionary of the English Language*）出版。これによって、英語の綴り字の固定化が一層確実なものになる。また、この辞書の存在は後の『オックスフォード英語辞典』の出現のきっかけとなった。

・1800年：アイルランドを併合。アイルランド公用語が英語になる。

・1884～1928年：『オックスフォード英語辞典』（*Oxford English Dictionary*）の出版。

3. ローマ属領時代まで

アングロ・サクソン人の渡来によって英語の歴史が始まるのであるが、前章2節の年表には古英語期の前に、「ケルト文化時代」と「ローマ属領時代」がある。

ケルト人は、印欧語族のケルト語派の言語を用いていた民族であるが、文字文化を持たない民であった。ケルト人はヨーロッパの広範な地域に移動した民族で、大掛かりな民族移動をした最初のヨーロッパ人である彼らがいつイギリス諸島へ渡ってきた正確な時期ははっきりしないが、紀元前600～450年頃、紀元前400～250年頃、紀元前200～100年頃の大きく3つの時期に分かれてイギリス諸島へやってきたとされる。彼らはそれ以前に定住していたビーカー人を征服してイギリス諸島をケルト文化化した。その経緯の中で地名などにケルト語借入語が入った。テムズ川(Thames)はケルト語の'Tamesa'「黒い川」に由来し、ロンドン(London)はケルト人名か部族名の 'Londinos'に由来する。

ビーカー人（または、ビーカー民(Beaker folk/ Beaker people)）とは、紀元前2600～1900 年頃の後期新石器時代から初期青銅器時代にかけてヨーロッパに広がった紀元前2500年頃渡来し、イギリス諸島に青銅器文化をもたらした。

旧石器時代のイギリス諸島は大陸と地続きで、紀元前6000～5000年頃に大陸と分離したとされる。そのころ、イベリア半島から南欧系のケルト人が渡来し、巨石文化をもたらしたともされる。

このように、ケルト文化時代には大陸系ケルト人と島嶼系ケルト人とが定住していたと考えられている。そして、紀元前500年頃のイギリス諸島では、現在のイングランドとウェールズをケルト人のうちのブリトン族(Britons)が、スコットランドとアイルランドをケルト人の内のピクト族(Picts)が定住していた。

ローマの政治家ジュリアス・シーザー(Julius Caesar 100-44BC)は、現在のフランスにあたるガリアを征服に着手し、ガリア人を支援するブリトン人を討伐するためにブリテン島に紀元前55年と紀元前54年の2度、渡来した。いずれもブリトン人の激しい抵抗により失敗する。

およそ100年後の紀元後43年、ローマ皇帝クラウディウス(Claudius; 10BC-54(在位41-54))は、ブリテン島への進行を始めた。その後40年程度をかけてスコットランド中部以北を除くブリテン島全域を征服した。これによってブリテン島は、410年のローマ軍撤退までローマの属州となり、ローマ帝国に編入された。北部に対する防衛線として、東西に全長120キロに及ぶ塁壁ハドリアヌスの長城(Hadrian's Wall)や第二の長城とされ、エディンバラとグラスゴーを結ぶ全長60キロのアントニヌスの長城(Antonine Wall)を建造したり、建設した約80都市とそれらを結ぶ道路を整備したりした。ローマ人は現在のイングランドをブリタニア(Britannia)、スコットランドをカレドニア(Caledonia)、イギリス諸島のケルト人をブリトン人と呼んだ。やがてゲルマン人の大移動等による政情不安定化により、410年、ホノリウス帝(Honorius; 395- 423)は、ブリテン島諸都市からローマ軍を撤退させ、ローマン・ブリテンの終結となり、ブリトン人たちは戦乱の矢面に立つことになる。

4. 古英語の時代：アングロ・サクソン人と英語の渡来

この時代の記述資料は次の2歴史書である。

1) ビード(Bede, the venerable; ?673-735)による『英国民教会史』(*Historia Ecclesiastica Gentis Anglorum* (= *Ecclesiastical History of the English People*))は、シーザー信仰から731年までを記述している。

2) アルフレッド大王の命により編纂事業が開始された『アングロ・サクソン年代記』(*The Anglo-Saxon Chronicle*)は、写本によって記述年代が異なるものの、キリスト生誕から1154年までを記述している。

449年、ピクト人やスコット人の攻撃に悩まされていたブリトン人を援助するためにアングロ・サクソン人の一派であるジュート人(Jutes)の部隊が、HengestとHorsa兄弟に率いられてケント(Kent)のサネット(Thanet)島のエッブズフリート(Ebbsfleet)に上陸した。これがアングロ・サクソン人のブリテン島侵攻の始まりとされる。続いてサクソン人(Saxons)、アングル人(Angles)が渡島した。ピクト人たちの撃退の後、彼らは反乱を起こしてブリトン人への攻撃に転じた。『アーサー王伝説』に描かれるアーサー王(King Arthur)はブリトン軍を率いた王であった。ブリトン人はスコットランド、ウェールズ、コーンワルの辺境3地区に追いやられた。コーンワルへ移動したものの一部は対岸のフランク（現在のフランス）へ脱出し、その地をブリトン化した。これがのちにブルターニュ公国となった。

8世紀にはブリテン島は「アングロ・サクソン7王国」(Anglo-Saxon Heptarchy)呼ばれる七つの王国にまとまっていた。王国名と支配部族は次のとおりである。

	王国名	支配部族
①	ケント（Kent）	ジュート人（Jutes）
②	サセックス（Sussex）	サクソン人（Saxons）
③	エセックス（Essex）	サクソン人（Saxons）
④	ウェセックス（Wessex）	サクソン人（Saxons）
⑤	イースト・アングリア（East Anglia）	アングル人（Angles）
⑥	マーシア（Mercia）	アングル人（Angles）
⑦	ノーサンブリア（Northumbria）	アングル人（Angles）

彼らアングロ・サクソン人がブリテン島へ移住した後の言語が古英語であり、その方言区分は次のようになる。

①	ケント方言 (Kentish)	ジュート人の方言
②	ウェスト・サクソン方言 (West Saxon)	サクソン人の方言
③	マーシア方言 (Mercian)	アングル人の方言
④	ノーサンブリア方言 (Northumbrian)	アングル人の方言

七王国の間で勢力抗争が続く中で統一王国形成が試みられたが、その試みを最初に成功させたのはウェセックス王エグバート(Egbert; 在位 802-39)であった。彼は 827 年にイングランド全域の覇権を確立して統一国家の王となった。このことから、英国王室系図は彼をもって始まることとなっている。

時を同じくして、当時のブリテン島は、787 年の初渡来を皮切りに主にデーン人（およびノース人）からなるヴァイキングによる略奪、破壊などの被害を受けていた。851 年にはデーン人がケント北東部サネット島で初めて越冬したことにより定住がはじまった。イースト・アングリア、ノーサンブリア南部などを陥れ、ウェセックスへ侵攻した。ウェセックス王アルフレッドは、878 年のエディングトン(Edington)戦で勝利し、ウェセックス滅亡を免た。同年、敵王グルムスとウェドモア(Wedmore)で休戦協定を結ぶ。グルムスはデーン人として初めてキリスト教の洗礼を受け、ウェセックスを放棄してイースト・アングリアへ退いた。886 年にアルフレッドは、かつてローマ人が建設した、ロンドンからチェスターに至るウォトリング街道(Watling Street)の南部はイングランド領、以北からノーサンブリア南部をデーン領とし、デーン領内でのデーン人による自治を認めた。このデーン領を「デーン・ロー」(Danelaw;または「デーン法地域」)と呼ぶ。

このの ちアルフレッドは領内の復興に勤める。法律の整備、教会等の復旧によるキリスト教文化の復興、学問の復興に尽力した。『アングロ・サクソン年代記』の編纂はそのような活動の一つである。

5. ブリテン島のキリスト教化

ローマ帝国に支配される前のブリテン島にはケルト人が定住していた。ケルト人の宗教は自然崇拝の多神教で、ドルイドと呼ばれる神官が司った。ケルト文化では、4世紀から7世紀頃までオガム文字と呼ばれる、碑文などに使用する文字があり、ギリシャ文字を借用することはあったが、基本的には文字を持たない文化であった。ドルイドたちも、教えを文字にすることは正しくないと考え、教えをすべて口承で伝えた。

ローマ属領時代のイングランドとウェールズにはキリスト教が広まった時期もあったが、アングロ・サクソン人の侵入によってキリスト教はイングランドでは消滅した。ただし、アングロ・サクソン人の影響はウェールズには及んでいないし、スコットランドとアイルランドへはローマ帝国の力も及んでいなかった。

そのウェールズ出身の聖パトリック(St. Patrick, (?387-461))は、大陸での修行を終えて432年にアイルランドでキリスト教の布教を始めた。これによって、ケルト社会と融合したキリスト教文化が開花した。いわゆるケルト系キリスト教となる。ケルトの十字架、『ケルズの書』(*The Book of Kells*)などの文化遺産を残す。スコットランドへは、563年に聖コルンバ(St. Columba, (521-597))がアイオナに建てたケルト修道院からケルト系キリスト教の布教が始まった。アイオナ修道院はノーサンブリアのリンディスファーン修道院へ移植され、教化はそこからイースト・アングリア地域まで浸透した。先述の『ケルズの書』と『リンディスファーン福音書』、およびアイルランドのダロウ修道院の『ダロウの書』からなる三大ケルト装飾写本は、ケルト美術、およびケルト教会の繁栄の跡を現代に伝える貴重な美術品である。

ローマ属領時代にもたらされたものの異教のアングロ・サクソン人の侵入により消滅していたイングランドのキリスト教については、597年、ローマ教皇グレゴリウス1世の命により、聖アウグスティヌス(St. Augustine, (? -604))[21]がケント王のもとでローマ・カトリックの布教、教化を開始した。のちに聖アウグスティヌスは初代カンタベリー大司教となる。

このように、古英語期のブリテン島におけるキリスト教布教活動は、北から南下するアイリッシュ・キリスト教と南から北上するローマ・カトリック教という2方向からの布教であった。やがて7世紀末までにはイングランドのほぼ全域にキリスト教が普及した。その過程では、無組織で孤立活動が多かったアイリッシュ・キリスト教側と組織的展開をしたローマ・カトリック教側の 2 派に、不和、

---

[21] カンタベリーのアウグスティヌス(Augustinus Cntuariensis)とも呼ばれる。

対立が生じた。その収拾と対立解消のために、664 年にノーサンブリアのウィットビー(Whitby)で教会会議が開かれた。ここでローマ・ベネディクト派カトリック教側の優位が決まり、以降これが本流となってイングランド各地へ影響力を拡大していった。

6. 中英語の時代：公用語変更と再変更

1066 年 1 月にエドワード 3 世(Edward III, ?1004-66,在位 1042-66)が没したことにより、エドワード 3 世治世で実権を握っていたアングロ・サクソン貴族のハロルド(ハロルド 2 世(Harold II), 1022-66,在位 1066,最後のアングロ・サクソン系イングランド王)と、エドワード 3 世と従兄弟関係にある 7 代目ノルマンディー公ウィリアム 1 世(William I, 1027-87,在位 1066-87)の間で跡目争いが起こり、そこにノルウェー王がヨークを占領して割って入ってきた。ハロルドはノルウェー王を抑えはしたものの、その間にウィリアム 1 世がイングランドに上陸し、両者はヘースティングズ(Hastings)で決戦し、ウィリアム 1 世側が勝利した。ノルマンディー公によるイングランド征服はノルマン・コンクウェスト(Norman Conquest)と呼ばれ、ウィリアム 1 世は、征服王ウィリアム(King William I, The Conqueror)と呼ばれた。彼はクリスマスにウェストミンスター寺院で戴冠式を行い、フランス国王の臣下であるノルマンディー公(Duke of Normandy)として在位したままイングランド国王(King of England)となったのである。ウィリアムの即位によって、北部フランス各地から貴族、聖職者、騎士、商人等が渡来し、反面、ウィリアムに反抗するアングロ・サクソン貴族たちは土地を没収され、その土地はフランス系支配層に与えられることになった。そうして、イングランドの支配階級はほとんどすべてフランス人で占められることになった。この状況は、ジョン王の時代の 1204 年にフランス領を失ったノルマンディー喪失のころまで続くことになる。

ウィリアム 1 世から 4 代、88 年続いたノルマン朝は、ヘンリー 1 世の娘マティルダ(Matilda, 1102-67)とその夫アンジュー伯ジョフロワ 4 世(Geoffrey of Anjou, 1113-51)との間に生まれたヘンリー2 世(Henry II, 1133-89,在位 1154-89)が王位に就き、アンジュー伯家によるプランタジネット朝に引き継がれた。ヘンリー2 世は、両親からイングランドとフランスにまたがる広大な領土を相続した。さらに、フランス王ルイ 7 世(Louis VII, 1120-80,在位 1137-80)と離別したエレノア(Elénore d'Aquitaine, 1122-1204)と結婚してその所領も獲得した。フランス国内にフランス王を凌ぐ広大な領地をもつことになった。これによって、これまで入ってきていたノルマン・フレンチ(Norman French)という北部フランス語やその文化とは異なる、セントラル・フレンチ(Central French)という中・南部フランス語やその文化が宮廷に浸透することになる。ヘンリー2 世は宗教にも力を入れ、国王が教会の首長であるという、王権拡張論に基づく主張を持ったことにより、当時のカンタベリー大司教トマス・ベケット(Thomas Becket, 1118-70, 在位 1162-70)と意見対立し、部下の騎士が 1170 年にベケットを暗殺するに至った。のちにヘンリー8 世がベケット廟を取り壊すまで、カンタベリーのベケット廟には巡礼者が絶えなかった。チョーサーの『カンタベリー物語』のなかで集う巡礼者たちは、ベケット参りをする巡礼者という設定になっている。ジョン王(John, King of England, 1167-1216,在位 1199-1216)はヘンリー2 世からのフランス領土の継承がなかったことにより、フランスから土地を奪い取ることを考え、フランス王フィリップ 2 世(Philippe II, 1165-1223,在位 1180-1223)との戦争を起こした。また、空位となっていたカンタベリー大司教の人選をめぐってローマ教会との関係が芳しくなかった。王への信頼が失墜する、このような経緯の中で生まれたのがマグナ・カルタ(Magna Carta) (=The Great Charter;「大憲章」)である。結果は、逆にフランス領のほとんどを失うこととなり、王も貴族も支配の主力をイングランドに向けるしかなかった。ジョン王は「失地王」と呼ばれるようになる。また、1258 年にヘンリー3 世(Henry III, 1207-72,在位 1216-72)が行政改革に関して出した「王の宣誓書」は、ラテン語、フランス語、英語で書かれ、これはノルマン征服以降で公的文書に英語が使用された最初の事実であり、英語の威信回復を示す事実でもある。

ヘンリー3 世から 3 代下のエドワード 3 世(Edward III, 1312-77,在位 1327-77)の時代には、フランス王がアキテーヌのイングランド領有権を没収することを宣言したこと、エドワード 3 世がフランス王の血縁にあることを理由にフランス王位継承権を主張したこと等により、英仏間に百年戦争が勃発した。その間にも、イングランドでは黒海から広まったとされる黒死病（Black Death＝ペスト）が大流行し、人口が半減したとされるほどの死者を出した。

死者の急増によって労働力不足が深刻となり、労働者の地位が向上し、それによって、日常語である英語の重要性が増し、英語復権の兆しが表れるようにもなった。1362 年に招集された議会では、議長の開会演説がはじめて英語で行われ、ラテン語で記録されることが決定した。また、ヘンリー4 世(Henry IV, 1367-1413, 在位 1399-1413)は、ノルマン征服以降で英語を母語とする最初のイングランド王であったことから、遅くとも 14 世紀末までには全階層の人々が英語を使うようになり、話し言葉としてのフランス語派イングランドからほぼ姿を消したとされる。百年戦争が終結する 1453 年の頃には、大陸の領土をほぼすべて失い、イングランドの地位が落ち込んだことによって逆に、イングランド人の国民意識、国語意識が一段と確固たるものとなった。

さらに 1455 年からは、30 年に及ぶ王位継承権争いのバラ戦争が、ランカスター家とヨーク家とで繰り広げられる。多くの有力貴族が滅んだばかりか、残党もほぼ消滅したとされるほど多くの死者を出したバラ戦争は、1485 年のヘンリー7 世(Henry VII, 1457-1509,在位 1485-1509)の治世下で終結した。フランス領土への干渉をしないことをフランス王に約束し、イングランドとフランスを二つの異なる国家として明確に分けて考えるようになった。これは、イングランドの中世が終わりを告げつつあることと、英語の歴史にとっても新しい言語社会の幕開けが近づきつつあることを示す動きでもあった。

42 ページで古英語期の方言を扱ったが、ここで中英語期の方言について確認しておこう。中英語期の方言は次の 5 種類である。

① ケント方言（Kentish)もしくは南東方言（South eastern)

② 南西方言（South western)

③ 東中部方言（East midland)

④ 西中部方言（West midland)

⑤ 北部方言（Northern)

中英語期の方言範囲は、古英語期と比べると、古英語のケント方言が西部へ拡大、ウェスト・サクソン方言が北部へ拡大、マーシア方言は北部へ拡大するとともに東・西に分化した。ノーサンブリア方言は北部方言となった。

そのような方言区分の中で、標準英語の形成のもとになったのは、東中部(East midland)方言である。その中でもロンドンで使用される方言が書き言葉の標準語として台頭した。その理由には、次のような点が考えられる。

1. 首都ロンドンは、イングランド最大の都市として政治、文化、商業の中心地であり、そこで使用される方言、特に書きことばが一種の模範とみなされ、それが全国へ普及した。
2. 東中部方言地域には、ロンドン、オックスフォード、ケンブリッジの3都市があり、これら3都市を結ぶ三角地帯をイースト・ミッドランド・トライアングル(East midland triangle)と呼び、経済活動の中心地であったこと。あわせて、オックスフォード大学とケンブリッジ大学と接触することによって、威信を得たロンドン方言の普及が助長されたこと。オックスフォード・ケンブリッジ両大学には、そこへ進学するための準備教育を施すパブリック・スクールがあるが、それら私立の寄宿学校は、そこへ集う中産階級の子弟にとって標準語学習の場となったこと。
3. ウィリアム・キャクストン(William Caxton; ?1422-1491)が、1476年にウェストミンスターに印刷所を開設し、ロンドン方言によって印刷本を出版したこと。この事業は、ロンドン方言の普及促進ばかりでなく、活字の普及を通して英語の発音と綴り字の標準化と固定化にも寄与した。ただし、現代の綴り字法がほぼ確立するのは1650年頃からジョンソン(Samuel Johnson, 1709-84,18世紀英国の「文壇の大御所」と呼ばれた。)の『英語辞典』の出現あたりとされるので、混乱はしばらく続くことになる。

7. 近代英語の時代

近代英語の前期、初期近代英語期(1500-1700 年)は、王室史で見ればテューダー朝からステュアート朝に至る約 200 年間にあたる。この時代は、内政、外交、文化の各方面で、近代イギリスへ向けて強力な国力を備えていった時期である。英語史で扱われる時代は、通常、古英語期から初期近代英語期までの期間となることが多い。

初期近代英語期は、英国史上最も激動の時代と言えるほどの社会情勢の変化がみられた。この初期近代英語期を象徴する歴史学的用語に「3 つの R」というものがある。ルネサンス(Renaissance)、宗教改革(Reformation)、王政復古(Restoration)という、英語 3 語の頭文字 R を指して「3 つの R」という。これら 3 点は英語史でも重要な意味を持つものである。

宗教改革と言えばルター(Martin Luther, 1483-1546)を思い起こすが、英語史で見る宗教改革とは、ヘンリー8 世(Henry VIII, 1491-1547,在位 1509-47)による英国国教会のローマ・カトリック教会からの分離独立ということになる。彼は、離婚[22]を禁止するローマ・カトリックの教義に対抗して、すべての裁判権とイングランド教会首長の地位をイングランド王に集中させる法律を議会で制定し、国王を教会支配者の地位につける英国国教会を 1534 年に設立した。これによって、中世以来続いていたローマ教皇によるイングランド教会支配体制を終わらせた。あわせて、すべての修道院を解散させ、その領地をジェントリーと呼ばれる中小地主や商人に市場解放し、近代イギリスの主要な担い手を生み出した。

ヘンリー8 世の死後、彼と 3 番目の妻ジェイン・シーモア(Jane Seymour, 1508-1537)との間の男子がエドワード 6 世(Edward VI, 1537-53,在位 1547-53)として即位し、次に最初の妻キャサリンとの間の女子がメアリー1 世(Mary I, 1516-58,在位 1553-58)として即位した。彼女はカトリック擁護に転じ、プロテスタントへの厳しい迫害を続けた。エリザベス 1 世(Elizabeth I, 1533-1603,在位 1558-1603)は穏健なプロテスタント擁護派で、国教会の確立に尽力した。国教会の手緩さに対して一層「清らかな教会」を実現しようとして台頭したのがピューリタン(Puritans;清教徒)であった。少数派に転じたカトリック教徒の背後には強国スペインが控えていたが、エリザベス 1 世は、1588 年、そのスペイン無敵艦隊に勝利

[22] ここでいう離婚とは、急逝した兄の未亡人でありスペイン王女であった彼の最初の妻、キャサリンとの離婚のことである。男子後継者に恵まれないキャサリンの侍女、アン・ブーリン(Anne Boleyn, 1501-36)と結婚するための離婚であった。キャサリンとの間に生まれた女児はやがてメアリー1 世として、アン・ブーリンとの間に生まれた女児はエリザベス 1 世として英国王室に君臨することになる。この二人の女王は、カトリック擁護、プロテスタント擁護でも立場の違いを示すことになる。2008 年公開の映画『ブーリン家の姉妹』(*The Other Boleyn Girl*)(原作 Phillippa Gregory)は、アン・ブーリンとメアリー・ブーリン(?1499-1543,どちらが姉であったかは歴史家の間で諸説ある。)姉妹の愛憎劇をメアリーの視点で描いた作品であるが、当時の様子を知るうえで参考になる。

し、国家としての独立を守り抜いた。そのような時代的背景のもとで、シェイクスピア(William Shakespeare; 1564-1616)作品や人文主義に代表されるイギリス・ルネサンスが開花したのである。それは、14 世紀にイタリアで始まった古代ギリシャ・ローマ文化の復興運動であるルネサンスから 150 年余遅れての興隆だった。

8. 代表的文献と文学作品

英語史の各時代区分別の資料文献のうちおもなものを整理してみよう。

【古英語期】

この時代の文献は、デーン人の侵入、ヴァイキングの襲撃等によって街や建物の破壊や略奪が横行した結果、残っているものが数的にも地域的にも限られている。その中では、アルフレッド大王が君臨したウェセックス地域におけるアルフレッド大王時代の文献が多い。

①ノーサンブリア方言

・ノーサンブリアの詩人（僧侶）による『ベーオウルフ』(*Beowulf*)。3182 行の口承叙事詩。7 世紀頃の作品とされるが、10 世紀頃の写本が残るのみ。

・Bede（ビード、ベーダ）(?673-735)による『英国民教会史』(*Historia ecclesiastica gentis Anglorum*)。731 年に校了。ラテン語による執筆。ローマ属領時代から

・Cædmon（ケドモン）(?657-?684)による『賛歌』(*Hymm*)。旧約聖書を題材とした宗教詩。

・『十字架の夢』(*The Dream of the Rood*)。8 世紀。アングロ・サクソン文学の記念碑的古英詩と称される。156 行。Ruthwell Cross に抜粋がルーン文字で刻まれたものがある。

・『リンディスファーン福音書』(*The Lindisfarne Gospels*)。同修道院で7世紀から8世紀に、ラテン語で4福音書を書いた装飾写本。英語行間注がある。

②ウェスト・サクソン方言

・『アングロ・サクソン年代記』(*The Anglo-Saxon Chronicle*)。アルフレッド大王(在位871-899)の命により編纂開始。ローマ帝国襲来から1154年までを記録した歴史書。散文。複数の修道院で作成された。

・『哲学の慰め』(*De Consolatione Philosophae*)。ローマ哲学者ボエティウスの哲学書をアルフレッド大王がラテン語から古英語に翻訳したもの。散文訳と韻文訳が存在する。

・Bedeによる『英国民教会史』(*Historia ecclesiastica gentis Anglorum*)の翻訳。アルフレッド大王による。

・AElfric(アルフリッチ、アルフリック [ælfritʃ/ -rik])(?955-1020-25)による『カトリック説教集』(*Catholic Homilies*)(990-992年)。ベネディクト派修道士AElfricによる教訓的内容の散文。彼は、ラテン語の文法書を始めて英語で著し、*Grammaticus*(語学者)とあだ名された。Eynshamのabbot(大修道院長)。

【中英語期】

①ノーザン方言

・『世界の走者』(*Cursor Mundi*)(1300年頃)。24,000行の宗教詩。伝奇的要素を加えて新約聖書の天地創造から最後の審判を描いたもの。

・『アーサー王の死』(*Le Morte d'Arthur*)(1400年頃)は、3800行の頭韻詩。アーサー王最後の戦いを描く。Malory作の散文アーサー王物語の重要な資料となったとされる。

②イースト・ミッドランド方言

・『ピーターバラ年代記』(*The Peterborough Chronicle*)(1121-60 年頃)。『アングロ・サクソン年代記』の原本は現存せず、現存写本は9つで、そのうち最も新しい写本がこれ。1116 年にピーターバラ修道院が火災に遭った後に執筆された。

・司祭 Orm（オルム）による『オーミュラム』、または『オームの書』（*The Ormulum.*)(1200 年頃)。中英語期に書かれた最も早い宗教詩。ほとんど英語で書かれた、10,000 行にわたる韻文の説教集。

・John Wycliffe (Wyclif とも)(?1329-84)による *Bible* 1382, 1388 年.：ラテン語訳聖書ウルガタ(*Vulgata*)を英訳した、最初の完訳英語聖書。聖書の原典は、旧約（39 書）がヘブライ語、新約（27 書）がギリシャ語で書かれている。

・Geoffrey Chaucer (?1340-1400)による『カンタベリー物語』(*The Canterbury Tales*)(1387-95 年頃)。22 の韻文と 2 散文の 24 物語、17,000 行からなる。フランスや地中海文化を映し出す、Langland と対照的に、脚韻詩を多用し、ロンドンに物語的な世俗文学が栄えたことを象徴的に示す作品であり、作者であった。

・John Gower (?1330-?1408)による『恋人の告白』(*Confessio Amantis*)(1393 年)。Chaucer の友人でありライバルであった Gower による、ロンドン英語で書かれた約 100 編の物語詩。物語をつなぐための枠を設けているところも特徴。

・『パストン家書簡集』(*Paston Letters and Papers*)(1425-1520 年)。パストン家の家族内で交わした書簡の集成。

・William Caxton (?1422-91)による『トロイ史集成』(*Recuyell of the Historyes of Troye*)(1473)。キャクストン自身が英語に翻訳した初出版作品。ベルギーのブリュージュ（またはブルッヘ）で印刷業を始め、これを出版。この経験をイングランドに持ち帰り、1476 年にウェストミンスターに印刷所を設立。そこで最初に印刷したのはチョーサーの『カンタベリー物語』。その後、これを含めて108点の書籍を出版。中には、マロリー(Sir Thomas Malory. ?　-1471)著『アーサー王の死』(*Le Morte d'Arthur*[23])、騎士道物語、ギリシャ・ローマ古典、歴史書などを印刷出版した。

③ウェスト・ミッドランド方言

・『忍耐』(*Patience*)(1380年頃)。

・『純潔』(*Cleanness*)(1380年頃)。

・『真珠』(*Pearl*)(1380年頃)。亡娘を悼む父親の哀しみを歌った寓意的物語詩。

・『サー・ガウェインと緑の騎士』(*Sir Gawain and the Green Knight*)(1380年頃)。アーサー王伝説中の騎士ガウェインを主人公とする抒情詩的物語詩。2530行。③の4作品は同一写本内にあり、作者同一とみられている。素材的にはロマンス、すなわち当時の英国南部の文化を反映し、手法的には頭韻詩、すなわち南西部文学の特徴を反映する、2種類の文学伝統の橋渡し的存在の作品。

④サウス・ウェスタン方言

・『尼僧の戒律』(*Ancrene Wisse*)(1200年頃)。教会居房で暮らす隠遁修道女のためにSalisburyのBishop Poorが散文で書いた修道女手引。

・ラヤモンの『ブルート』(Laȝamon's *Brute*)(1200年頃)。Geoffrey of Monmouthがラテン語で書いた『ブリタニア列王伝』をもとにしてRobert Waceがフランス語で書いた『ブリュ物語』(*Roman de Brut*)を、ラヤモンが英語で書いた長編の頭韻物語詩。Aテキストと Bテキストとがあって、4分の3世紀ほどの年代差を見せる語彙を使用。前者は古英語語彙を残存し、後者は現代にまで続く語彙が増える。約56,000行。

・『梟とナイティンゲイル』(*The Owl and the Nightingale*)(1250年頃)。宗教詩人と恋愛詩人を代表する梟とナイティンゲイルが両者が作る詩の優劣を討論す

[23] 'Le Morte'は 'La Mort'であるべきところを、作品名を付けたCaxtonが文法的誤りを犯したものとされる。(小野 (1980), p. 128. n.)

る対話形式の寓意詩で、2000行からなる。

・William Langland (?1330-?1400)による『農夫ピアズの夢』(*Piers Plowman*)(1376-87年頃)：寓話物語。14世紀後半のイギリス文学において、アングロ・サクソン的、宗教的文学の伝統を象徴する代表的作品であり、作者であった。

⑤サウス・イースタン方言

・Michael of Northgate 訳による『良心の呵責』(*Ayenbite of Inwit*)(1340年)。フランス語原本 *Somme le Roi* (*Book of Vices and Virtues*)の翻訳英語散文。

【初期近代英語期】

・Thomas More (1478-1535)による『ユートピア』(*Utopia*)(1516年)。ラテン語で執筆。英訳は1551年に出版。欧州諸国語に翻訳され、彼の造語 'Utopia' は理想郷の代名詞となった。正式名は『社会の最善政体とユートピア新島についての楽しく有益な小著』。虚構の島の社会、宗教、政治を述べた枠物語。理想郷を意味する一般語のきっかけとなった。ヘンリー8世治世下で大法官にあったが、王の離婚に反対したため叛逆罪により死刑となる。1935年「聖者」の称号を贈られた。

・William Tyndale (?1494-1536)による『新約聖書』(*The New Testament.*)(1525, 1526年)。ラテン語訳からの英訳聖書を出したウィックリフから100年ほどのちに、ギリシャ語の聖書原典から初めて英訳した。1530年には、『モーゼ五書』と呼ばれる『旧約聖書』の最初の五書をヘブライ語原点から始めて英訳した。1536年にベルギーで逮捕、焚刑に処された。欽定英訳聖書の中味の8割はティンダル訳のままだといわれる。

・Miles Coverdale (1488-1568)による *The Bible* (1535年)。ウィックリフ訳聖書は手書きだったが、カヴァデル訳聖書は、イギリスで印刷されて王の勅許を得た初めての英訳聖書。

・主に Thomas Cranmer (1489-1556)による『祈祷書』(*The Book of Common Prayer*)(1549 年)。イングランド宗教改革の指導者のひとりであり殉教者。ヘンリー8 世のもとでカンタベリー大司教となり、『聖公会祈祷書』を完成させた。ヘンリー8 世にキャサリンとの離婚を承認した。そのときトマス・モアは国王離婚を痛烈批判して処刑された。メアリー1 世によるカトリック国家化の折に、ローマ・カトリックへの復帰を頑なに拒否したため処刑された。

・Edmund Spenser (?1522-99)による『妖精の女王』(*The Faerie Queene*)(1590-96 年)。スペンサー詩体 (スペンサー連、Spenserian stanza) という特徴的な韻文形式を作り出し、この作品でも用いた。

・Philip Sidney (1554-86)による『詩の弁護』(*Defence of Poetry*)(1579-80 年)。イギリス初の本格的詩論。ほかに、ソネット集『アストロフェルとステッラ』、散文ロマンス物語『アーケーディア』などがある。彼の作品はいずれも没後出版。

・Francis Bacon (1561-1626)による『エッセイ集』(*Essays*)(1597-1625 年)。近世哲学の祖による鋭い洞察が特徴的。

・William Shakespeare (1564-1616) 言わずと知れた世界的文豪・劇作家・詩人。戯曲 38 編(合作を含む), 長詩 2 編, (154 編より成る) Sonnets 集などを書いた。

・『欽定英訳聖書』(略称 AV、キング・ジェイムズ聖書とも呼ぶ。) (*The Authorized Version of the English Bible*)(1611 年)。King James I(1566-1625 (在位 1603-1625)、スコットランド王としては James VI (在位 1567-1625))の命による英訳聖書。本書では 34 ページで既出。

・John Milton (1608-74)による『失楽園』(*Paradise Lost*)(1667 年)。シェイクスピアに次ぐイギリス第 2 の作家と評価されるミルトンによる叙事詩。典麗、完璧、均衡感ある表現から、英文学史上第 1 と称される作品。

・John Bunyan (1628-88)による『天路歴程』(*Pilgrim's Progress*)(1678-1684 年)。正式名は『現世より、来るべき世界への巡礼の遍歴』。作者が見た夢の物語という形式をとる比喩寓意物語。出てくる固有名がすべて普通名詞をそのままおきかえたものになっている。

・John Dryden (1631-1700)による『アレクサンダーの饗宴』(*Alexander's Feast*)(1697 年)は抒情詩の名作。1668-88 年は桂冠詩人であった。27 編の劇を発表したが、シェイクスピアの『アントニーとクレオパトラ』と同じ題材で書いた韻文悲劇『すべてを愛のために』(All for Love)(1677 年)なども有名。英語の語彙・文法の乱れを厳しく批判し、国語の標準化を訴えた。末尾前置詞(terminal preposition) の解消で有名。

【後期近代英語期】

・Joseph Addison (1672-1719)・Richard Steele (1672-1729)による『スペクテイター』(*The Spectator*)(英国の政治・文化評論誌、日刊紙)(1711-12, 1714 年)。二人の共同執筆で当時のジャーナリズムの地位を確立した。現在の『*The Spectator*』は、これを受け継いで 1828 年に The Spectator 社より創刊されたもので、世界で最古の週刊誌とされる。その編集長職は、イギリス保守党の要職への足がかりとなるとされる。準貴族的文体とされる Addison の文章について、後に Samuel Johnson は'middle style'の見本であるとして激賞した。国語標準化論者の一人でもあった。

・Jonathan Swift (1667-1745)による『ガリバー旅行記』(*Gulliver's Travels*)(1726 年)。直截明快な散文、そこに学識ある鋭い風刺を秘めた文章を織り交ぜ、本来の英語がもつ素朴で力強い文章を特徴とする文筆家であったとされる。パンフレット『*A Proposal for Correcting, Improving, and Ascertaining the English Tongue*』(1712 年) では、英語純粋性の回復を主張した。

・Daniel Defoe (?1660-1731)による『ロビンソン・クルーソー』(*The Life and*

Strange Surprising Adventures of Robinson Crusoe)(1719年)は、時流を諷刺した雑誌やパンフレットを出版して投獄された経験もある彼が、60歳近くになって書いた写実小説。さらに、彼は、1704〜1713年の間、『*The Review of the Affairs of France and of all Europe*』(新聞)を発行し、政治・社会問題を論じた。一切の装飾を排除した、平易明瞭な市民的性格を持つ作家とされる。

・Samuel Richardson (1689-1761) は印刷業を生業とする典型的市民の一人で、その彼が51歳で初めて出版したのが書簡体小説『パミラ、あるいは淑徳の報い』(*Pamela, or Virtue Rewarded*)(1740年)である。Defoeと同じく平易明瞭な描写、市民的性格を表す文章を特徴とするが、外面的描写の写実性を特徴とするDefoe作品に対して、女性心理の解剖という内面的な写実性を特徴とする作品になっている。

・Samuel Johnson (1709-84) が6名の助手 (amanuenses) を使って成就した『英語辞典』(2巻本)(*A Dictionary of the English Language*) (1755年)は、「英国にはAcademyはできなかったが、その代わりにJohnsonの辞書を得た」とされるほど、英語の成否を決する権威の樹立として歓迎された。綴字法の固定化、語義の正確な定義、作家の書物からの用例による語彙統制等により、都会の教育ある中流階級の言葉が標準英語になっていくきっかけを作った。

・Oliver Goldsmith (1730-74)はアイルランド生まれの詩人、小説家、劇作家で、その主著『ウェイクフィールドの牧師』(*The Vicar of Wakefield*) (1766年)は、ドイツの文豪ゲーテをして「小説の鑑」と言わしめた優雅な文体を特徴とする一方で、喜劇『負けるが勝ち』(*The Stoops to Conquer*)(1773)では、市民階級の生活・文化に関する風刺的語法を見ることができる。

・Laurence Sterne (1713-68) による未完の長編小説『紳士トリストラム・シャンディの生涯と意見』(*The Life and Opinions of Tristram Shandy, Gentleman*)(1759年)は、普通の小説の構成を全く欠いた、メタフィクションの典型とされる書である。意識の流れ小説を思わせるものがあるともされる。文章は、親しみのある会話対文章を特徴とする。

・Jane Austen (1775-1817) の作品は、18 世紀末の会話の英語、当時の教養ある人たちの話し方を如実に表していることから、後期近代英語期の最後に位置づけることができる。『分別と多感』(*Sense and Sensibility*)(1811)、『高慢と偏見』(*Pride and Prejudice*)(1813)、『エマ』(*Emma*)(1815)などがある。

いずれの時代の作品についても、英語史の「内面史」を概観したうえで、ぜひ原典や校訂本で実際の文章に触れて、時代の空気を味わいながら各時代の英語特性を確認したいものばかりである。

【以下、『英語の歴史：内面史』へ続く。】

引用・参照文献

Barber, Charles. 1993. *The English Language*. Cambridge University Press.

Baugh, Albert Croll and Thomas Cable. 1993[4]. *A History of the English Language*. 4th edition. Routledge.

Bragg, Melvyn. 2002. *The Adventure of English: The life story of a REMARKABLE LANGUAGE*. [DVD]. Athena.

————. 2004. *The Adventure of English: THE BIOGRAPHY of a LANGUAGE*. Sceptre.

Gelderen, Elly van. 2014. *A History of the English Language*. Revised edition. John Benjamins

Hogg, Richard M. and David Denison. (eds.). 2006. *A History of the English Language*. Cambridge University Press.

Horobin, Simon 2013. *Does Spelling Matter?* Oxford University Press. (堀田隆一. (訳). 2017.『スペリングの英語史』早川書房.)

Jespersen, Otto. 1938[9]. *Growth and Structure of the English Language*. Blackwell. (米倉綽ほか.(訳). 2015.『英語の成長と構造』英宝社.)

Johnson, Keith. 2016. *The History of Early English: An activity-based approach*. Routledge.

Jucker, Andreas H. 2016. *History of English and English Historical Linguistics*. Klett.

Lehmann, W. P. (ed.). 1967. *A Reader in Nineteenth Century Historical Indo-European Linguistics*. Bloomington: Indiana Univ. Pr.

市河三喜. (編). 1934.『CANTERBURY TALES (THE PROLOGUE)』研究社出版.

家入葉子. 2007.『ベーシック英語史』ひつじ書房.

上野直蔵. 1964.『Historical outlines of the English language』南雲堂.

宇賀治正朋. 2000.『英語史』(現代の英語学シリーズ第 8 巻) 開拓社.

大名　力. 2014.『英語の文字・綴り・発音のしくみ』研究社.

小野　捷. 1980.『英語史概説』成美堂.

小野　茂・中尾俊夫. 1980.『英語史 I 』大修館書店.

————・小野恭子. (訳). 1999.『文化史的にみた英語史』開文社出版.

大塚高信・中島文雄. 1982.『新英語学辞典』研究社.

風間喜代三. 1978.『言語学の誕生：比較言語学小史』岩波新書.

君塚直隆. 2015.『物語　イギリスの歴史』(上・下）中公新書.

田中美輝夫. 1970.『英語アルファベット発達史—文字と音価—』開文社出版.

中世英国ロマンス研究会.(訳). 1986.『中世英国ロマンス集：第二集』篠崎書林.

寺澤　盾. 2008.『英語の歴史：過去から未来への物語』中公新書.

————. 2013.『聖書でたどる英語の歴史』大修館書店.

————. 2016.『英単語の世界：多義語と意味変化から見る』中公新書.

寺澤芳雄. (訳). 1982.『英語発達小史』岩波文庫.

中尾俊夫. (編). 1988.『(英文）英語の成長と構造』＜改訂新版＞ 南雲堂.

————. 1989.『英語の歴史』講談社現代新書.

中島文雄. 1953.『近代英語とその文体』研究社新英米文学語学講座 (16) 研究社.

橋本　功. 2005.『英語史入門』慶應義塾大学出版会.

堀田隆一. 2016.『英語の「なぜ？」に応える　はじめての英語史』研究社.

桝井迪夫. (訳). 1995.『完訳カンタベリー物語』(上・中・下）岩波文庫.

安井　稔. 1955.『音声と綴字』(英文法シリーズ第 2 巻）研究社.

■著者紹介

永　尾　　智（ながお・さとし）

大阪大学大学院文学研究科英文学専攻博士後期課程満期退学。香川大学教育学部助手、講師、助教授、准教授を経て、現在、香川大学教育学部教授。専門は英語学（特に、英語史）。

英語の歴史―外面史　近代英語まで　［定価 本体 1,000 円＋税］

2023 年 3 月 1 日　初版第 1 刷発行

著　　者　永　尾　　智

発行・印刷　株式会社　美　巧　社

〒760-0063　香川県高松市多賀町 1-8-10

TEL(087)833-5811

ISBN978-4-86387-176-2 C1020